図解

EC担当者の
基礎と実務がまるごとわかる本

井幡貴司
forUSERS株式会社
著

秀和システム

はじめに

EC サイトで商品を売るのに大切なのはユーザー目線を持つこと

　新型コロナウイルスの流行に伴い、世の中のあらゆるサービスのオンライン化が一気に進みました。EC サイトの需要も高まり、多くの経営者が、EC サイトでの販売も検討するようになりました。

　EC サイトの開設は難しそうに思われるかもしれませんが、無料のEC カートシステムを利用すれば、最短 30 分程度で作ることができます。誰でも EC サイトをカンタンに作れる時代になったのです。

　しかし、EC サイトで商品を売るのはカンタンではありません。なぜなら EC サイトは WEB 上の店舗であるため、運営には WEB マーケティングのノウハウが必要となるからです。EC サイトに設置する文言から、検索エンジン対策、SNS 施策など、WEB マーケティングの基礎知識を知らないと、EC サイトで商品を売るのは非常に大変です。

　多くの人はインターネットで買い物はしていても、WEB マーケティングについての知識はほとんど持ち合わせていないでしょう。

　とは言え、WEB マーケティングの根底にあるのは「ユーザー目線」です。ユーザーの気持ちになって、商品購入時に不安や疑問を感じさせないよう工夫をしたり、ユーザーが心地よく買い物できるようサイトの改善に取り組むことが、そのまま WEB マーケティングとなるのです。

　本書では EC サイト運営や WEB マーケティングに特有の知識、テクニックを解説するとともに、ユーザー目線の必要性について随所で言及しています。これから EC サイトを開設される方にとって、本書がユーザー目線を身につけるキッカケとなれば幸いです。

2021年11月　井幡　貴司

目 次

第1章

ECサイト運営の基礎知識

第2章

戦略から考える
ECプラットフォームの選び方

第**3**章
ショッピングモールに出店する

第**4**章
自社ECサイトを開業する

第 5 章
SEO で自社 EC サイトに集客する

第 6 章
ブログ記事で EC サイトに集客する

第7章
SNSでECサイトに集客する

第8章
ECサイトの購入率を高めて売上を増やす

第 9 章
リピーターを増やして
ECサイトの売上を安定させる

第 10 章
ECサイトの売上をさらに伸ばすために

第 1 章

ECサイト運営の
基礎知識

1-1 ┃ ECサイトと実店舗の違いとは？

これからECサイトを立ち上げるという方は、まず実店舗とECサイトの違いをしっかり理解しておく必要があります。なぜなら、ECサイトと実店舗では、特徴が大きく異なるからです。以下にECサイトと実店舗の違い、ECサイトの特徴をあげます。

🛒 ECサイトは日本中が商圏になる！

　実店舗の場合、店舗のある地域が商圏となります。例えば街の電器店ならば、その街あるいは近い街までが商圏ですが、**ECサイトであれば日本中、あるいは世界中が商圏となるので、販売機会が非常に多いのが特徴**です。ただし、ECサイトは地域の概念がない分、大手を含めて日本中のECサイトが競合相手となります。チャンスが大きい分、競合店も多いのが特徴です。

　ECサイトはWEB上の店舗となるために、ユーザーから見れば競合店との価格比較をカンタンに行うことができます。あなたのお店の商品と同じものを扱っている競合店があり、さらに価格が競合店よりも高ければ、あなたのお店の商品はなかなか売れづらくなります。つまりECサイトは、**日本中の競合店と価格競争が起こりやすくなる**のです。

🛒 ECサイトと実店舗の違い

　ECサイトではユーザーは商品を手に取って確認することができません。**ですからECサイトで商品を販売する場合は、写真や説明が非常に重要です**。例えば服や靴などは、サイズ感がわからなければユーザーは購入にいたりません。そのためECサイトでは、サイズ感が把握できる写真を掲載したり、サイズ感を伝える説明文が必要となるのです。

　もう1つ、実店舗とECサイトの大きな違いは、ユーザーが商品をすぐに手に入れることができない点です。商品の配送には数日かかります。

　また、宅配業者に依頼するために送料がかかります。送料無料にすれば

ユーザーは買いやすくなりますが、その分利益が少なくなるので経営判断が必要となります。

🛒 ECサイトではノウハウが必要

商売をやったことがない人でも普段からスーパーなどで多くの買い物体験があるので、どのように商売をすればよいかはなんとなくわかるはずですが、ECサイトでの商売には、実店舗にはないWEBマーケティングのノウハウが必要となります。ですから、ECサイト運営初心者の方は、ECサイトの開設とともにWEBマーケティングにも積極的に取り組む必要があり、特に検索エンジン対策や、SNSの利用方法について学習する必要があります。

実店舗とECサイトの違い

実店舗

ECサイト

地域が商圏
・競合店は同じ地域のみ
・商品を手に取って確認できる
・商品はすぐ手に入る

日本中が商圏
・競合店が非常に多く、
　価格競争が起こりやすい
・商品を手に取って確認できない
・商品はすぐ手に入らない
・送料が発生する

OnePoint

競合店にはない、日本で唯一の独自商品があるならECサイトの開設はチャンスです。日本中が商圏となります！

1-2 | ECサイトで難しいのは サイトへの集客

自社でECサイトを作るのはカンタンです。SNSを利用できる程度のITリテラシーがあれば誰でも作れますが、ECサイトへの集客はカンタンではありません。ブランド力の弱いECサイトはアクセス数が増えにくく、SEOやSNSなどを駆使する必要があります。

🛒 ECサイトでは広告が難しい理由

ECサイトで広告を使って、ECサイトへのアクセス数を増やそうと考えるかもしれませんが、ユーザーのECサイトでの**1回当たりの平均購入単価は3,000円程度**であるため、1商品あたりの広告費用はそんなにはかけられません。仕入れ値が2,000円なら、1商品あたりの広告費用は1,000円以内に抑える必要があります。

例えばGoogle広告を使うと、1クリックあたり10円程度はかかります。仕入れ値2,000円、売価3,000円の商品が仮に100クリックで売れたとしても、利益は0円です。そのためECサイト運営でインターネット広告を使うことができるのは資金力のある大手事業者が多いのです。

また、広告はユーザーに見せる広告文やバナーデザインを工夫したり、リンク先のページを魅力的なコンテンツにしないと採算が取れない場合があり、ノウハウも必要となります。

🛒 小規模事業者は広告よりもSEO、SNSを実施すべき

これからECサイトを始める小規模事業者の方は、**広告ではなくSEOやSNSを実施すべき**です。これらの施策を自社で実施する場合は費用がかかりませんので、広告予算を使わずにECサイトへの集客を行うことができます。ただし、これらの施策は短期的施策ではなく、中・長期的施策となるため、**すぐに効果が出ないのがデメリット**となります。

SEOとはSearch Engine Optimizationの略で、「エスイーオー」と読

みます。検索エンジン対策のことで、特定の検索キーワードでの検索結果に対して上位表示を実現するための施策であり、EC サイトや WEB サイト運営では、代表的な WEB マーケティング施策の１つです。SEO については第 5 章で詳しく解説します。

SNS とは Social Networking Service の略で、Twitter や Instagram などインターネット上でコミュニケーションがとれるサービスのことです。SNS を WEB マーケティングに利用する際は、自社の商品のターゲット層を把握して、**ターゲットがよく利用する SNS で自社アカウント**を作ります。SNS での集客については第 7 章で詳しく解説します。7-4 に掲載している表を見て世代別に利用する SNS を把握してください。

集客における広告と SEO、SNS 施策の比較表

	種類	メリット	デメリット
広告	Google 広告 Yahoo! 広告 ディスプレイ広告 アフィリエイト広告 純広告	すぐに実施可能	・費用が必要 ・小規模事業者だと、採算が合わないことが多い ・ノウハウがないと成功しない ・広告を止めると、集客効果も止まる
SEO	商品ページやカテゴリーページの SEO 施策 ブログ記事	費用をかけずに常に集客可能	・半年以上かかる ・ノウハウがないと成功しない
SNS	Twitter Facebook Instagram TikTok YouTube LINE	費用をかけずに常に集客可能	・フォロワーを集めるのが大変 ・運営に負荷がかかる

✍OnePoint

広告はすぐに効果が出るメリットもあります。予算がある場合は広告を短期的施策として、SEO や SNS などの中・長期的施策にも着手しましょう。

1-3 | EC サイトのコンセプトを 差別化するカンタンな方法

ECサイトは、日本全国のユーザーに対して商品を販売できる大きなメリットがある反面、商品が競合のECサイトと比較検討されやすくなるため、価格競争に陥りやすいデメリットがあります。そのためECサイト開設前にECサイトのコンセプトや商品の差別化を徹底して考える必要があります。

🛒 EC サイトでは独自の商品のほうが売りやすい

ECサイトで気をつけなければならないのは、**ECサイトの商品が差別化されているか？　という点**です。なぜならECサイトはAmazonなどの大手も競合となります。もしあなたのECサイトの商品がAmazonでも手に入る場合は、ユーザーはあなたのECサイトよりも**有名で使いなれているAmazonから買い物をする**でしょう。このような状況にならないためにも、Amazonにはない**独自の商品を扱いましょう。そのほうがECサイトで売れやすくなる**のです。

🛒 EC サイトのコンセプトを考えるカンタンな方法

これからECサイトのオープンを考えている場合は、まずECサイトのコンセプトを決めます。コンセプトは本来、自社の事業戦略や将来の目標を見据えて立てるものですが、本書では検索結果からコンセプトを考えるカンタンな方法を紹介します。

まず**ECサイトで扱う商品に2つのキーワードを掛け合わせてみてください**。例えば以下のようなものです。

・取り扱う商品：シュノーケリング用品
・キーワード①：持ち運びやすい
・キーワード②：安全な
・**コンセプト：「持ち運びやすく安全なシュノーケリング商品を扱うECサイト」**

このように、商品にキーワードを2つ掛け合わせることで、独自のコンセプトになりやすくなります。その際「おいしい」「おしゃれ」「かわいい」「安い」といったよくあるキーワードは、コンセプトの差別化が難しいので避け、なるべく独自性が出るキーワードを意識しましょう。

ECサイトは商圏が日本中ですので、差別化された商品がニッチな分野のものでも、その商品を求める人が検索エンジンを通じて、あなたの商品を見つけて購入してくれる可能性が高まるのです。

では、この2語を掛け合わせるルールで、コンセプトを**Googleで実際に検索してみてください**。もし、似たようなコンセプトのお店が検索結果に出てこなければ、日本で唯一のコンセプトとなります。

Google 検索を使ってコンセプトを検索してみる

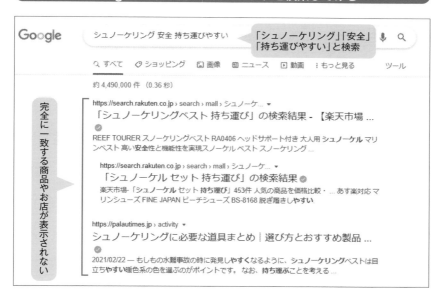

✒ OnePoint

独自の商品を企画・販売することができれば、検索エンジンからの流入が見込めるため、集客しやすいECサイトを作ることができます。

1-4 | ECサイトのターゲット像を明確にする

同じ商品であっても、20代の女性向けと40代の男性向けのECサイトでは、ユーザーへの訴求ポイントが異なるため、商品名、説明文、使うべき写真、キャッチコピーのすべてを変える必要があります。ECサイトのターゲット像を明確にしないと、なかなか商品を売ることはできません。

老若男女すべてに受けがよいメッセージは結局誰の心にも残らない

ECサイトの売上を増やすためには、**老若男女のすべてに受け入れられるような商品名や説明文を付けることは避けるべき**です。誰にでも受け入れられるメッセージは、結果として誰の心にも響かないメッセージとなりがちだからです。それを避けるためにも、**ECサイトで販売するターゲット像**をしっかり持ちましょう。

ターゲット像を定めるための5つの要素

まず自社商品はどのような層が買うのか？ 5つの要素から考えてみましょう。

5つの要素
①年齢：40代
②性別：男性
③居住地：東京都
④職業：メーカー勤務
⑤年収：600万円

この5つの要素を具体的にイメージできれば、ターゲット像がずいぶんと明確になります。職業や年収などはイメージしづらい要素ですが、ユーザー1人ひとりをイメージするためには重要な要素です。

ターゲット像がはっきりすれば、ターゲットの日常を想像することで、どのように商品を使うかも想像しやすくなります。そのイメージを商品名や訴求文に活かすのです。

　例えば、折りたたみ式のUSB扇風機をECサイトで販売する場合、30代の女性のビジネスパーソンがターゲット像でしたら、以下のような訴求文言になります。

「小さくてPCと一緒でもバッグに入るUSB扇風機」

「カフェでのテレワークにも静音で涼しいUSB扇風機」

　しかし、40代の男性ビジネスパーソンがターゲット像なら、以下の訴求文言となるはずです。

「小型でも風力が強いUSB扇風機」

「3段階の風力調整で猛暑も快適なUSB扇風機」

　このようにターゲット像が変われば、訴求する文言も変わってくるのです。

ECサイトのターゲット像によって訴求を考える

20代男性
会社員

20代女性
OL

50代男性
経営者

10代女性
大学生

ECサイトのターゲット像を明確に持つことで、ユーザーが購入したくなる
タイトルや説明文、キャッチコピーを作ることができる

🖌OnePoint

ターゲット像が複数存在するような場合でも、メインのターゲット像は1つに絞り、補足という形で他のターゲット像にアピールしましょう。

1-5 ECサイト運営に必要な KPIの立て方

ECサイトはオンラインであるためにいろいろなデータが取得できます。EC サイトで使うKPIには様々なものがありますが、まずは売上を構成する「①訪問者数」「②購入率」「③平均単価」の３つを押さえれば、最初のマーケティング施策のKPIとしては十分です。

🛒 ECサイトの基本KPI

KPI (Key Performance Indicator) は、日本語では「重要業績評価指標」と言われ、目標の達成度合いを評価する指標です。ECサイトの基本KPIは以下の３つです。

①訪問者数（ユニークユーザー数）
②購入率（CVR：コンバージョンレート）
③平均単価（全商品の平均販売価格）

これらの３つのKPIから以下の式が成り立ちます。

売上（目標）＝①訪問者数（KPI）×②購入率（KPI）×③平均単価（KPI）

つまり、①から③のKPIをそれぞれ高める施策を行うことで、目標に近づくことができ、売上目標を達成することができるのです。

🛒 訪問者数とは？

訪問者数とは、ECサイトに訪れたユーザーの数です。WEBサイトのアクセス数のカウント方法には「セッション数」と「ユニークユーザー数」があります。1人が朝と夜にサイトにアクセスした場合、セッション数は2回とカ

＊1 LP施策：LPとはランディングページの略で、ユーザーが最初にアクセスするページのこと。LP施策とは、売上を高めるために多くの訴求をその1ページに凝縮し、購入率を高める施策。

ウントされますが、ユニークユーザー数は1回とカウントされます。

WEB担当者により、訪問者数の設定をセッションにするかユニークユーザーにするか異なりますが、ユニークユーザーに設定したほうが精緻なデータとなります。

購入率 (CVR) とは？

購入率 (CVR) とは、ECサイトにアクセスしたユーザーのうち、商品を買ってくれた人の割合です。訪問者が100人で、商品を買ってくれた人が1人なら購入率は1%となります。優れたECサイトはユーザーの目的のページや商品へと辿り着きやすいため、CVRが高くなるのです。なお、CV (Conversion、コンバージョン) は、マーケティング用語としては、そのサイトにおける最終的な成果を意味しますが、ECサイトでは主に商品購入のことになります。

平均単価とは？

平均単価は、販売した商品の単価を平均した値段のことです。例えば1,000円の商品が10個、2,000円の商品も10個売れたECサイトの平均単価は1,500円となります。平均単価を高めるためには、高単価な商品をおすすめする施策などがあり、「リコメンド」と呼ばれます。

各KPIとそのKPIを伸ばすための代表的施策

KPI	主な施策
訪問者数	広告、SEO、SNSなどのWEB集客施策など
購入率	ECサイトのリニューアル LP施策[*1]、決済方法の追加など
平均単価	「おすすめ商品」などで高単価商品を訴求する リコメンドなど

売上＝訪問者数×購入率×平均単価

OnePoint

訪問者数を増やすのはカンタンではありませんが、購入率改善のための工夫は商品説明文の文言だけでも可能なので、すぐに実施できます。

ECサイトの
9つの基本業務とは？

ECサイトの業務は大きく「フロント業務」と「バックエンド業務」の2つに分かれます。フロント業務はECサイト運営においてユーザーと接する業務がメインであり、バックエンド業務はすでに注文が決まった方への対応がメインとなります。なお、このフロント業務とバックエンド業務の分類方法には諸説ありますが、本書では以下の分類を基準として解説します。

🛒 ECサイトの4つのフロント業務

ECサイトの代表的なフロント業務は以下の4つです。

①ECサイト制作・デザイン
②商品企画
③プロモーション
④顧客対応・アフターフォロー

フロント業務は主にユーザーと接点を持つ業務がメインとなります。プロモーション活動やECサイトデザイン、そして商品を検討している方向けに顧客対応を行う業務です。詳しくは1-7で解説します。

🛒 ECサイトの5つのバックエンド業務

ECサイトのバックエンド業務の代表的なものは以下の5つです。

①入荷・検品
②ささげ・商品登録
③受注

＊2 ささげ業務：「撮影」「採寸」「原稿」のこと。それぞれの頭文字をとって、業界では「ささげ」と言われる。

④在庫管理
⑤梱包・出荷

　ささげ業務[*2]や商品登録業務は、EC サイトを訪れている新規ユーザーが購入を検討するための情報を提供する業務ですが、それ以外の**バックエンド業務はすでに注文を終えたユーザーと密接に関係する業務**が中心となります。
　バックエンド業務のクオリティが高ければ、リピーターを生むことにつながります。なぜならユーザーは注文から商品の配送まで、スムーズで安心できる取引を望むからです。これらの業務は、EC サイトを利用するユーザー体験に影響するので、顧客にリピートしてもらうためには非常に重要な業務となるのです。
　つまり、バックエンド業務も売上に強く影響することがあるので、顧客から見えない業務内容であっても、疎かにすることはできないのです。詳しくは 1-8 で解説します。

すべての業務が売上に直結する

業務内容	特に影響を受ける指標
EC サイト制作・デザイン	購入率、リピート率、アクセス数
商品企画	購入率、リピート率
プロモーション	購入率、リピート率、アクセス数
顧客対応・アフターフォロー	購入率、リピート率
入荷・検品	リピート率
ささげ・商品登録	購入率、リピート率、アクセス数
受注	リピート率
在庫管理	購入率、リピート率
梱包・出荷	リピート率

🖌 OnePoint

どんな業務であっても、購入前・購入後、そしてリピート時のユーザー体験に密接に影響することを念頭に置き、業務を実施しましょう。

1-7 | ECサイトの
フロント業務とは？

> フロント業務の多くは「購入率」と密接に関係しています。例えばECサイトの見た目が貧相であれば、ユーザーは購入をためらいますし、クレジットカード番号の入力を躊躇します。逆に、ECサイトに信頼感があり、使いやすければ、訪れたユーザーが購入してくれる可能性が高くなります。ここでは、1-6で紹介した4つのフロント業務について詳しく解説します。

🛒 ①ECサイト制作・デザイン

　1つ目の業務はECサイトの制作です。ECサイト制作といっても、今は難しくはありません。**BASEやSTORESなどの無料ECカートシステムを利用すれば、最短30分程度でECサイトを作ることができます**し、有料ECカートシステムのASP（アプリケーション・サービス・プロバイダー）ツールでも月額数千円でデザイン性の優れたECサイトを作ることができます。デザインも、用意されているテンプレートから選ぶだけでも、見栄えのよいECサイトが作れます。

🛒 ②商品企画

　商品企画は、売れる商品を企画・検討することです。この業務はマーケティング業務そのものと言うことができ、**優れた商品を企画することができれば、商品のアピールをしやすくなるため、プロモーションの費用対効果も高くなります**。また優れた商品はSNSや口コミで評判となり、プロモーションせずとも売れることもあります。

🛒 ③プロモーション

　プロモーションは、商品を多くの人に知ってもらい、商品を購入してもらうための宣伝活動を行うことです。**ECサイトのプロモーションはオンラインのため、SEOやSNS、あるいはメルマガといったWEBマーケティング**

がメインとなりますが、実店舗を経営しているのであれば、店舗にＥＣサイトのチラシを置いたり、既存顧客に直接宣伝することもプロモーション業務となります。

　プロモーションにおいては、それぞれの広告文や訴求内容がバラバラにならないように、統一感を持って実施することが大切です。

🛒 ④顧客対応・アフターフォロー

　顧客対応は、商品を検討しているユーザーからの質問や疑問に対応する業務です。メールや電話、チャットで対応します。顧客対応がスムーズであれば購入率も高くなります。アフターフォローは商品を購入したユーザーからの返品や修理・保証についての問い合わせ対応を行う業務です。クレームもときには発生しますが、前向きに取り組むことで、リピート率を向上させることもできる重要な業務なのです。

フロント業務と新規ユーザーの関係

プロモーションから顧客対応まで	フロント業務	ＥＣサイトに訪れた新規ユーザー
	商品企画・プロモーション	🙂 「○○」と検索したら、ＥＣサイトが出てきたからクリック！
	ＥＣサイトのデザイン	🙂 しっかり作られたサイトだ ここで買い物しても大丈夫そうだな
	顧客対応	😄 商品の色について聞いてみたけど丁寧な対応だった、購入してみよう！

🖌 OnePoint

ＥＣサイトのフロント業務は、売上に影響を与えます。ターゲット像をしっかり持ち、ユーザーの望む情報をしっかり表記することが大切なのです。

1-8 | ECサイトの バックエンド業務とは？

ECサイトのバックエンド業務は、ユーザーの目に触れない作業的な業務が中心です。しかし、受注業務や在庫管理などは、ミスをすれば顧客クレームにつながり、梱包や出荷業務はリピート率に直結します。つまりバックエンド業務のクオリティがよければリピーターを生むことにつながります。ここでは1-6で紹介した5つのバックエンド業務について詳しく解説します。

🛒 ①入荷・検品

入荷業務は、仕入れ先や工場から商品を受け入れる作業のことです。入荷した商品と数量を在庫台帳で管理し、商品を倉庫に保管します。入荷の際は検品を実施し、商品状態や破損の有無を確認します。検品をしっかり行うことで、注文したユーザーからのクレームや返品を減らすことができます。

🛒 ②ささげ・商品登録

ささげ業務とは「撮影」「採寸」「原稿」の略称で、それぞれの頭文字をとって「ささげ」と業界では言われます。商品登録は、ささげ業務の情報をECサイトに商品として登録する業務です。これらの業務については10-1で詳しく解説します。

🛒 ③受注

受注業務とは、ユーザーから注文が入ったら、ECカートシステムの管理画面で注文商品と届け先を確認し、在庫確認を行い、出荷指示を行うことです。**出荷後は、管理画面の注文情報のステータスを変更する必要があり、ス**テータス管理が業務となります。商品の在庫がなくなった場合には、商品を補充するための発注業務が必要となります。

🛒 ④在庫管理

在庫管理とは、商品の供給を止めないように管理することです。受注が発生すれば、出荷指示のもと在庫から商品をピッキングし、在庫の引き当てを行います。商品がなくなれば（少なくなれば）、メーカーや工場に商品の発注をかけて適正な在庫状況を保ちます。

🛒 ⑤梱包・出荷

5つ目は梱包・出荷業務です。受注が決まったら商品の梱包を行います。梱包は丁寧に行うことでユーザー満足度が高くなり、次回の注文につながることもあります。出荷業務は、配送業者に商品の配送を依頼する業務です。

バックエンド業務がリピーターを生む仕組み

受注から配送まで	バックエンド業務	ECサイトで買い物したユーザー	
	受注業務	☺	注文したら、商品確認のメールが届いた！ちゃんと注文できたんだな！
	梱包・出荷	☺	発送通知がきた！明後日届くのか！楽しみだな！
	配送	☺	商品が届いた！梱包が丁寧だし、商品もよかった！次も利用しよう！

🖌 OnePoint

ECのバックエンド業務は、売上に影響を与えます。すべての作業がユーザーの満足度につながるため、ミスが発生しないように業務運営を行います。

1-9 | ECサイトの基本は クレジットカード決済

ECサイトで使われる決済のおよそ80%はクレジットカード決済です。ただし、クレジットカードを持っていない若い世代のユーザーもいますし、クレジットカードをなるべく使いたくないというユーザーもいますので、コンビニ決済や代金引換も決済方法として検討しておきましょう。

クレジットカードの手数料は3～5%

クレジットカード決済と聞くと、嫌がる事業者も多いでしょう。ユーザーにとっては便利なクレジットカードも、事業者にとっては手数料がとられるために、利益が少なくなってしまうからです。クレジットカード決済の手数料は**決済会社によって異なりますが、多くは3～5%**です。

ECサイトの決済機能を使うにはどうすればよいのか？　と不安になる必要はありません。なぜなら、**世の中で提供されているECカートシステムには必ず、決済機能が最初から標準で実装**されており、しかもVISA、Mastercard、アメリカン・エキスプレス、ダイナースクラブ、JCBの5大ブランドに対応しているケースがほとんどです。ですから、ECカートシステムを決めるときには、事前に対応している決済方法や決済手数料を確認しておきましょう。

若者に人気のコンビニ決済やキャリア決済

10代はクレジットカードをほとんど持っていません。クレジットカード決済を用意するだけでは商品が売れないので、アパレル事業者などは若者に人気のコンビニ決済やキャリア決済を取り入れる必要があります。ただしコンビニ決済は、ユーザーが支払い情報のメールを受け取り、入金しないと、お店側は発送することができないため、クレジットカード決済と比べて、受注から出荷までの時間と手間がかかります。キャリア決済は、利用可能額の上限が設定されているため、上限額を超過するとECサイトでの購入ができま

26

せんので、高額商品には向いていません。

🛒 テスト注文を行う

　クレジットカード決済など、ECにはいろいろな決済方式がありますが、ECサイト開業の際は、導入したすべての決済方法でテスト注文を事前に行い、各決済方法の流れを把握しておきましょう。テスト注文を事前に行うことで、ユーザーとの決済に関するトラブルを回避したり、ユーザーに対してわかりやすく決済方法を案内することができるからです。

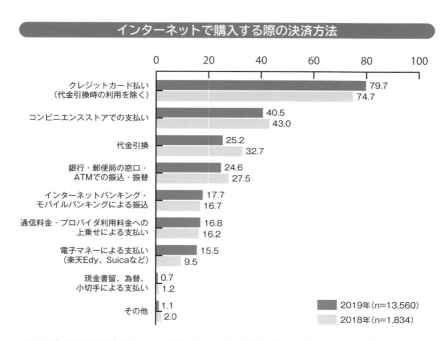

インターネットで購入する際の決済方法

決済方法	2019年 (n=13,560)	2018年 (n=1,834)
クレジットカード払い（代金引換時の利用を除く）	79.7	74.7
コンビニエンスストアでの支払い	40.5	43.0
代金引換	25.2	32.7
銀行・郵便局の窓口・ATMでの振込・振替	24.6	27.5
インターネットバンキング・モバイルバンキングによる振込	17.7	16.7
通信料金・プロバイダ利用料金への上乗せによる支払い	16.8	16.2
電子マネーによる支払い（楽天Edy、Suicaなど）	15.5	9.5
現金書留、為替、小切手による支払い	0.7	1.2
その他	1.1	2.0

※2018年は詳細版調査票のみでの調査項目のため、母数に隔たりがあることに注意
出典：総務省「通信利用動向調査」

📝 OnePoint

決済方法はクレジットカード決済を基本として、自社のターゲット属性と相性のよい決済方法を追加するようにしておきましょう。

1-10 配送業者の選定の ポイント

配送業者選びは重要ですが、これからECサイトを始める方が気になるのは送料でしょう。配送業者によって送料や得意な配送サービスが異なります。ヤマト運輸、佐川急便、日本郵便などの大手配送業者を中心に解説するので、自社に合う配送業者を手配しましょう。

配送業者選びの基本は大手３社から

配送業者は小規模事業者から大手まで多くの業者が存在しますが、ECサイトは日本中がお客さんですから、全国展開している大手配送業者が有力な候補となります。主にヤマト運輸、佐川急便、日本郵便の３社です。それでは１社ずつ解説していきます。

地域密着でサービスが細かいヤマト運輸

ヤマト運輸は拠点数が全国に7,000以上あるため、**地域に密着したサービスが特徴**です。また配送時間が短く、クール宅急便など幅広いサービスに対応しています。ECサイトの観点で見ると、配達時間を指定できるのもユーザーにとって大きなメリットがあります。配送クオリティが高いのが特徴となりますが、送料が他の２社よりも高めになります。

60サイズの荷物であれば料金が安めの佐川急便

ECサイトで扱う商品の大きさが、小型郵便には収まらないサイズで**60サイズの箱に入る大きさのものなら、佐川急便は３社で最も安い金額を設定している**ため、有力な選択肢となるはずです。佐川急便もヤマト運輸同様に配達スピードも速く、飛脚クール便など様々なサービスを用意しています。

もし、家具などの大型商品を扱う場合なら、佐川急便は大手で唯一「飛脚ラージサイズ宅配便」という３辺合計が160cm超260cm以内・50kg以内のサイズにも対応しているので、重宝するでしょう。

小型郵便の種類が豊富な日本郵便

　アクセサリーやＴシャツなど、**小型郵便のサイズで十分な場合は、日本郵便が最適**です。なぜなら日本郵便は様々なバリエーションの小型郵便サービスを用意しており、中でも「ゆうパック」や「レターパック」は非常に有名なサービスです。また日本郵便は海外発送にも対応しており、海外向けの越境ECを考えている方には、日本郵便は外せないサービスとなります。

大手宅配業者３社の特徴

業者	特徴
ヤマト運輸	・拠点が多い ・クール宅急便など幅広いサービスを展開 ・配達時間を細かく指定可能 ・送り状サービスが便利 ・個人・法人問わず幅広いサービス展開 ・コンビニと提携。24時間発送が可能（コンビニ営業時間による） ・LINEで荷物の配達状況や不在連絡の通知が受けられる
佐川急便	・小さいサイズの荷物が安い ・160サイズ以上の大きい荷物にも対応 ・飛脚クール便がある ・法人であれば割引される場合もある ・専用アプリで配送状況を確認できる
日本郵便	・ゆうパック、レターパックなど小型郵便に強い ・日本全国の郵便局で発送・荷物受け取りが可能 ・営業所数はナンバー１ ・当日中の配達も可能（条件あり） ・荷物の追跡が発送者側からも行える ・LINEで受け取り日時の登録可能 ・海外発送も可能

OnePoint

まずは自社商品のサイズから、各社に見積を依頼してみましょう。テスト配送を行い、配送クオリティも確認することが重要です。

右肩上がりのEC市場
（物販系分野のBtoC）

　日本の物販系分野のBtoC-EC市場は毎年成長している右肩上がり市場です。コロナ禍によりEC化率は急激に上昇し、**2020年のEC市場規模は12兆2,333億円**でした。

　しかし、**世界のBtoCのEC化率は18%と推定されており、8.08%の日本は、世界に比べるとECの利用が進んでいるとは言えません。**

　その大きな理由が、EC利用が進んでいない業界がEC化率の足を引っ張っていることです。しかし、コロナ禍は企業のオンライン投資への意識が変わる契機ともなりました。ECサイトの構築には多くのソリューションが生まれてきており、誰でもカンタンにECサイトを構築できるようになったことからも、EC市場は今後さらに拡大していくことは間違いありません。

物販系分野のBtoC-EC市場規模及びEC化率の経年推移

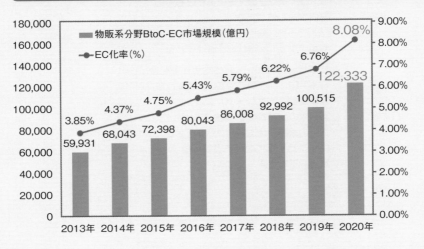

出典：経済産業省「令和2年度　産業経済研究委託事業（電子商取引に関する市場調査）報告書」

第 2 章

戦略から考える
ECプラットフォームの
選び方

2-1 | 自社に合うECサイトの プラットフォームの選び方

ECサイトのプラットフォームには多くのサービスがありますが、初めてEC サイトを立ち上げる場合には、3つの手法があります。どの手法がよいという わけではなく、それぞれメリットとデメリットがあるので、自分のECサイト の経験や知識に合わせて、自社のECプラットフォームを選びます。

初心者向けのECサイトの3つの選び方

まず、これからECサイトを始める初心者のために3つのECプラット フォームの選び方を紹介します。これからECサイトを開設する人が、どの プラットフォームを選ぶべきなのかを、予算やECサイトのノウハウ・経験 から選択できるように1つずつ解説します。

既存顧客が全国にいるなら「無料ECカートシステム」

店舗経営者がECサイトを開設する場合に、すでに既存顧客が全国にいた り、あるいはInstagramなどのSNSでフォロワーが数千人以上いる場合な どは、すぐにECサイトで集客することが可能なので、BASEやSTORESな どの初期費用が無料のECカートシステムで**ランニングコストを最低限に抑 えてECサイト**を開設します。ただし、無料といっても決済手数料が3〜5% 程度かかるため、完全に無料というわけではありません。

ECサイトで実現したいことが明確なら「有料ECカートシステム」

「ECサイトでは顧客分析をしたい」
「ECサイトではメルマガ運営に力を入れたい」
「ECサイトではデザインにこだわりたい」
「ECサイトでは定期販売や頒布会を実施したい」
「ECサイトではデジタルコンテンツを販売したい」
このように、すでに**ECサイトで実現したいことが決まっている**場合は、 **それが可能な有料のECカートシステム**を探します。

🛒 EC サイトのノウハウや経験を「ショッピングモール」で積む

　EC サイトのノウハウはないけれども、ある程度の予算を組める事業者は、まずは Amazon や楽天市場などで EC サイトを開設しましょう。特に**楽天市場などの出店型**は、自社のショップ名をアピールできるので、リピーター施策がある程度、実施できます。

　楽天市場では商品を売るための多数の仕組みが用意されており、EC 初心者が EC サイトのノウハウを理解しやすいプラットフォームと言えるでしょう。

　また、Yahoo! ショッピングは初期費用やランニングコストをかけずに開始できるので、最小限のリスクで EC サイトを開設できます。

各ECプラットフォームの比較表

	無料 EC カートシステム	有料カートシステム	ショッピングモール
代表的サービス	BASE、STORES、カラーミーショップ	MakeShop、ショップサーブ、futureshop、Shopify	Amazon、楽天市場、Yahoo! ショッピング
初期費用	無料	数万円程度（Shopify は無料）	無料（楽天市場を除く）
月次費用	0円（有料プランあり）	数千円〜	Amazon：コースにより必要、楽天市場：必要、Yahoo! ショッピング：不要
決済手数料など※	3〜5%程度	3〜5%程度	2〜15%程度
メリット	ランニングコストがかからない	機能が豊富　デザインの自由性が高い	集客力がある
デメリット	集客力が弱い　機能やデザインに制限あり	集客力が弱い　ランニングコストがかかる	手数料が高い　機能やデザインに制限あり

※別途、固定費が発生するケースもありますので、詳細は各社のホームページでご確認ください。
各社ホームページより調査（2021年10月時点）

🖌 OnePoint

ランニングコストがかからない無料EC カートシステムは魅力的ですが、集客が難しいので、SEO や SNS で集客施策を考えてみましょう。

2-2 | 既存顧客がいるなら無料 ECカートシステムを選ぶ

無料ECカートシステムは、ランニングコストを最小限にしてECサイトを開設できる大きなメリットがあります。ウィークポイントは集客ですが、すでにその業界で有名なお店であったり、SNSのフォロワーが多い場合は、いきなり収益を生むことも難しくありません。

🛒 集客が自力でできるなら無料ECカートシステム

例えば、ファッションを紹介しているInstagramアカウントがあり、**フォロワーが多い場合は、Instagramを使ってECサイトへの集客をすぐに開始できる**ために、ランニングコストがかからない無料ECカートシステムと非常に相性がよいでしょう。Instagramの通常の投稿にはURLは貼れませんが、プロフィールにはURLを貼ることができます（右図参照）。ここに自社のECサイトのURLを設置することで、Instagramから自社のECサイトの集客をすることができます。

また、地方の名産を扱っている事業者で全国に顧客がいるケースも、無料のECカートシステムと相性がよいです。顧客リストをメールアドレスで持っていれば、メルマガでECサイトへの集客が可能です。例えば筆者は北海道の音威子府のソバが大好きで、北海道の店舗に電話注文していますが、もしECサイトがあれば、営業時間を気にせず注文することができるため便利です。このように**全国に既存顧客がいる事業者であれば、ECサイトのマーケティング機能を使わずとも集客**ができるので、ランニングコストがかからない無料ECカートシステムがおすすめです。

🛒 集客の仕組み作りはInstagramからスタート

無料ECカートシステムであれば、ランニングコストもかからず、またECサイトを作る手間も少なく、高度なIT知識も必要としません。すでに商品の写真や説明文があるなら、最短30分でECサイトを開設することもできます。

ただし、無料ECカートシステムは集客力があまりありません。サイトを作っただけではECサイトにユーザーが訪れませんので、集客の仕組みを考える必要があるのです。

もし、無料ECカートで予算をかけずにECサイトを実施したい場合、集客の手段としてまずはInstagramから始めてみるべきです。綺麗な写真とタグ付けを適切に行えばフォロワーが集まりやすいSNSだからです。Instagramに関しては7-5で詳しく解説します。

Instagramのプロフィール欄にURLを設置

InstagramのプロフィールにECサイトのURLを設置

山下メロン園
https://www.instagram.com/yamashitamelonen/

OnePoint

実験的にECサイトをオープンしたい場合にも、無料ECカートシステムはランニングコストがかからないので、すぐに開設してテストできます。

2-3 | やりたいことが明確なら有料 ECカートシステムを選ぶ

有料ECカートシステムのメリットは多彩な機能が使え、自分好みのデザインにできることです。ですので、ECサイトで実現したいことが明確にあるなら、有料ECカートシステムを選ぶとよいでしょう。ただし、いくら高機能でも集客できずに商品が売れなければ、毎月のランニングコストが利益を圧迫します。

🛒 有料ECカートシステムのメリットとは？

無料のECカートシステムがある中で、有料のECカートシステムのメリットはどのような点にあるでしょうか？

例えば、有料ECカートシステムでは下記のようなことが可能となります。

- WEBデザイナーに依頼して、好きなデザインのECサイトを作成
- WordPressと連携して、ECサイト内にブログ記事を設置
- 名入れ商品のオーダーフォームの実装
- 複数のお届け先をECサイトで管理
- 独自のポイントシステムを利用

ECサイトを自由にデザインすることや、マーケティング機能、顧客管理機能については**無料ECカートシステムでは対応していない場合がある**ので、有料ECカートシステムを使うことになります。

🛒 ECサイトで実現したいことを洗い出す

有料ECカートシステムは、月々数千円のものから数万円のサービスまで無数に種類があり、どれを選んだらよいのかわからないという話をよく聞きます。ですから、まず**ECサイトで実現したいことや機能の洗い出し**から始めましょう。

機能の洗い出しの例

・デザインはWEBデザイナーに独自のデザインを依頼する
・WordPress連携によるブログ機能は必須
・顧客管理システムは必須

　このように必要な機能を洗い出します。もし洗い出し自体が難しければ、自分が実現したい機能を他のECサイトや競合ECサイトで探し、そのECサイトを参考にして必要な機能を洗い出すのがよいでしょう。

有料ECカートシステムの代表的な機能一覧

ECサイト設定

・デザイン/CMS編集　　・ショッピングモール連携　　・WordPress連携
・年齢認証　　　　　　・カレンダー設定　　　　　　・電話注文対応

ECサイト運営

・独自ドメイン取得・設定　・メールアドレス発行　　・会員管理
・スタッフアカウント管理　・自動返信メール設定　　・会員ランク設定

マーケティング

・クーポン・ポイント発行　・商品レビュー　　　　　　・フォローメール
・おすすめ商品表示　　　　・Instagramショッピング　・売上・アクセス分析
・人気ランキング　　　　　・メルマガ配信　　　　　　・タグ挿入

商品販売・決済・配送

・ギフト、のし、ラッピング　・後払い決済　　　　　　・複数お届け先登録
・名入れ機能　　　　　　　・Amazon Pay、楽天ペイ　・配送業者送り状作成

OnePoint

各有料ECカートシステムのベンダーへの資料請求を行い、自社で必要な機能があるのか、事前に把握しましょう。

2-4 | 強力な集客力が魅力の ショッピングモールを選ぶ

ショッピングモールには強力な集客力があるので、ショップ開設からすぐに商品を販売することが可能です。ただし、機能やデザインに制限があったり、ランニングコストが高めなのが、デメリットとなります。

🛒 3つの有名ショッピングモール

　ショッピングモールの代表的な3社はAmazon、楽天市場、Yahoo!ショッピングです。誰でも一度はサイトを訪れたり、買い物をしたことがあるのではないでしょうか?

　実は、**Amazonや楽天市場、Yahoo!ショッピングは、直接販売を行っているわけではなく、売る場所を提供しているプラットフォーマー**です。わかりやすく言えば、Amazonや楽天市場、Yahoo!ショッピングは、商業ビルのようなものであり、そのビルに入るテナントを集めて、テナントからは手数料をとるビジネスモデルなのです。

　Amazonや楽天市場、Yahoo!ショッピングなど有名なショッピングモールには、何千万人のユーザーが集まっています。そのため、ショッピングモールへの出店は、**自社ECサイトに比べると収益を得やすくなります**。手数料は高めですが、**集客力がショッピングモールの魅力**なのです。

🛒 ショッピングモールは「出品型」と「出店型」に分かれる

　ショッピングモールには、「出品型」と「出店型」の2つのタイプがあります。商品しか露出できないのが出品型、ショップの露出ができるのが出店型です。**Amazonは出品型で、楽天市場やYahoo!ショッピングは出店型**です。

　Amazonの場合は、Amazon内に商品を登録して販売することはできますが、Amazon内でショップ名を強く露出させることができません。つまり**出品型の場合は、ユーザーから見れば商品をAmazonから買ったという認識**になるのです。それに対して、楽天市場やYahoo!ショッピングでは、

ショップを登録してから、商品を登録します。楽天市場やYahoo!ショッピング内にお店を作るので、ユーザーにも「○○というショップ」と認識されやすくなります。お店のアピールやブランディングもある程度可能になります。

　Amazonのような出品型では商品登録だけに力を入れればよいので運営はカンタンですが、自分のショップをアピールできないので、リピーター施策が行いづらい面があります。それに対して、**楽天市場やYahoo!ショッピングはショッピングモール内でも、リピーターを生むための工夫を行いやすいというメリット**があるのです。いずれのショッピングモールでも、売上をあげるためには、それぞれのショッピングモール独自のノウハウが必要となりますが、根本的な考え方は自社ECサイトのノウハウにも通じます。

出店型と出品型の違い

【出店型】楽天市場の場合

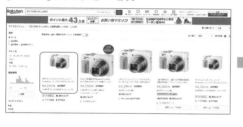

ショップ名が露出される

ヤマダ電機楽天市場店
https://www.rakuten.co.jp/
yamada-denki/

【出品型】Amazonの場合

商品が露出される

Amazon
https://www.amazon.co.jp/

🖊OnePoint

ECサイト運営のノウハウを身につけるなら、出店型のほうが向いています。自社のショップ名が露出されるので、ブランディングやリピーター施策も経験できます。

2-5 定期販売や頒布会を行う場合は専用ECカートシステム

定期販売や頒布会といった、定期的な商品提供を行うビジネスモデルであれば、定期販売や頒布会、あるいはサブスクリプションに特化したECカートシステムの利用を検討すべきでしょう。定期販売や頒布会には、周期設定など独自の機能が必要となるからです。

定期販売と頒布会の違いとは？

まず、定期販売と頒布会の違いを説明します。定期販売は、例えばサプリメントやダイエット食品などの消耗品に多いのですが、**何週間ごと、何か月ごとなど決まった周期で同じ商品を届けてくれるシステム**です。頒布会は、例えば**季節の野菜など、毎回異なるものを月に1回などの周期で届けてくれるサービス**です。頒布会ECサイトで有名なサービスはOisix（オイシックス）の季節の鍋の具材を届けるサービスなどがあります。

定期販売や頒布会は特化型ECカートシステムを利用する

定期販売や頒布会には下記のような独自の設定があります

・自動受注生成機能
・自動課金機能

自動受注生成機能とは、お届け期間ごとに自動で受注を生成する機能です。通常のECサイトであれば、注文の際に受注を作ればよいのですが、定期販売や頒布会では、注文は申込時の一度だけですので、自動で受注を作る必要があります。また、ユーザーによってお届け日が異なることと、商品によってお届けするスパンも異なることから、受注を自動で生成する必要があるのです。

また定期販売や頒布会では1年分まとめて課金をすることもできますが、

ユーザーから見ると、毎月課金のほうが負担額が少なく見えるため購入されやすくなります。そのため決済を毎月請求させる機能も必要となります。

　定期販売や頒布会は、多くの有料ECカートシステムでも対応しています。しかし、商品ごとに周期（商品のお届け周期）を変えたり、コールセンターとの連携や、顧客分析など本格的に開始する場合は、**定期販売や頒布会に特化したECカートシステム**を使うべきでしょう。

🛒 定期販売は収益が安定しやすい

　定期販売や頒布会の魅力は、何といっても毎月の売上が得られる仕組みです。そのため、1回限りの購入目当てのユーザーに対して、定期購入を促したり、試供品を送って、まずは商品を試してもらうなどの取り組みが重要となります。

定期販売と頒布会の違い

定期販売

・サプリメント
・シャンプー
・プロテイン
などの消耗品を**定期的にお届け**

頒布会

・季節のお野菜
・鍋の具材
・おすすめのお酒
など毎月異なる商品を**定期的にお届け**

🖊 OnePoint

定期販売や頒布会の専用のECカートシステムは、通常のECカートシステムよりもランニングコストが高めです。

2-6 | ECサイトでデジタルコンテンツをダウンロード販売する場合

動画や書籍などのデジタルコンテンツをECサイトでダウンロード販売する場合は、コンテンツを作る費用はかかりますが、物販とは違い仕入れがないので、利益率が高いビジネスモデルです。しかし、デジタルコンテンツは複製されやすいというデメリットを考慮にいれて、ECサイト運営をする必要があります。

ダウンロード販売に向いている5つの商材

ダウンロード販売されるデジタルコンテンツは、①音楽、②電子書籍、③動画、④写真、⑤ゲームの5つです。

これらのダウンロード販売を考えている場合は、ECサイトでは2つの提供方法があります。**1つは自社ECサイトによるダウンロード販売、もう1つは、デジタルコンテンツを提供するショッピングモールでの販売**です。

自社ECサイトでダウンロード販売を行う際に必要な3つの機能

デジタルコンテンツは購入者によって複製され、第三者に渡されやすいという側面があるため、自社ECサイトでのダウンロード販売では**複製を防ぐ機能が必要**となります。複製は完全に防ぐことはできませんが、以下のような視聴制限やダウンロード制御を行う機能で、ある程度防止することができます。

①ダウンロード回数制限機能
②閲覧回数・期間制限
③ダウンロード制御

ダウンロード制御とは、PCやスマートフォンなどの端末にダウンロードすることを制御し、ストリーミング再生のみ閲覧できるようにする機能のことです。

🛒 デジタルコンテンツに特化したショッピングモール

　楽天KoboやAmazon Kindle ダイレクト・パブリッシングなどのショッピングモールでの販売は集客力が見込めますが、**手数料が35～70％**と高くなり利益が少なくなります。しかし、デジタルコンテンツは一度作成すれば、仕入れが発生する商品ではないので、集客力のあるショッピングモールで展開するメリットは大きいでしょう。

🛒 無料のECカートシステムでも提供可能

　BASEやSTORESなどの無料のECカートシステムでは、ダウンロード販売という形で、デジタルコンテンツを販売することができます。すでにSNSのフォロワーやファンがいる人には、ランニングコストがかからないためおすすめです。

ダウンロード販売できる5つのデジタルコンテンツ

①音楽　②電子書籍　③動画

④写真　⑤ゲーム

🖊 OnePoint

自社ECサイトでデジタルコンテンツを販売する場合は、事前にコンテンツの複製防止機能が必要かどうか検討しましょう。

2-7 | システム会社に依頼してフルスクラッチでECサイトを作る

ゼロからECサイトを作る、フルスクラッチのECカートシステムの最大のメリットは自社の要件に合ったECサイトを作れることです。しかし、フルスクラッチ開発は、システム開発の発注側にも受注側にもある程度のECサイトのノウハウがないと難しい手法です。

🛒 フルスクラッチの最大のメリットはシステムの制限がないこと

例えばECカートシステムでは、データベースを独自にカスタマイズしたり、カート周り（商品注文画面のこと）の画面遷移を独自に変更することは**できません**。しかし、フルスクラッチであれば、ゼロから自社に合うシステムを作るので、あらゆる要件の実現が可能です。

ただし、ECサイト制作の依頼をするときは注意が必要です。これまでに社内のシステム関係の仕事を依頼してきたパートナー（システム会社）だからという理由で、ECサイトのノウハウのないシステム会社にECサイトの依頼をすると、ECサイトにとって重要な機能でも**システムに実装されていないことが起こり得る**のです。

筆者の知り合いの会社の話ですが、パートナーのシステム会社に依頼した結果、会員登録機能のないECサイトができ上がってしまいました。会員登録機能はECサイトにおいてはリピーターを確保する上で欠かせない機能なのですが、要件から漏れたために実装されなかったのです。こういったことからもECカートシステムを依頼するときは、発注側にも受注側にもECサイトのノウハウがあるかが非常に重要です。

🛒 自前のECカートシステムは数年ごとにリニューアルする必要がある

大手企業でなければ、ECカートシステムをゼロから作るのはおすすめできません。ECカートシステムのソフトウェアはクラウドのシステムであるため、システムが古くならないという大きなメリットがあります。フルスクラッ

チでシステムが作られた場合は、自分たちで都度システム更新を行わないとシステムが古くなります。少なくとも5年後くらいにはシステムをリニューアルする必要があるのです。

　昨今のECカートシステムは機能性や柔軟性を拡大しているので、システム連携や独自のカスタマイズが必要な場合は、**カスタマイズが可能なECカートシステムやパッケージ**を探し、システムを自社に合わせるのではなく、自社の業務フローをシステムに合わせたほうが、長期的に見るとコストを圧縮することができるのです。

🛒 フルスクラッチを採用するケースとは？

　ECサイトをフルスクラッチで行うべき理由があるとすれば、徹底したユーザーファーストのECサイトを作りたい場合です。これを実現するにはZOZOTOWNのように自社開発であることが前提となります。

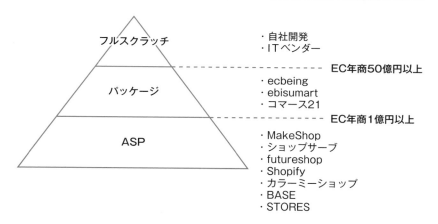

ECカートシステムに合う事業規模の目安

フルスクラッチ
・自社開発
・ITベンダー
- - - - - - - - - - - EC年商50億円以上

パッケージ
・ecbeing
・ebisumart
・コマース21
- - - - - - - - - - - EC年商1億円以上

ASP
・MakeShop
・ショップサーブ
・futureshop
・Shopify
・カラーミーショップ
・BASE
・STORES

🖌 OnePoint

ECカートシステムを利用する場合は、カスタマイズが可能なサービスも増えていることから、将来の規模拡大を念頭に置いてシステムを選びましょう。

2-8 | ECカートシステムを検討するときの注意点

システムは一度導入すると入れ替えるのが大変です。ですからECカートシステムを検討する際は、公式ホームページ、あるいは営業担当者の話を聞いて実際に検討をすることになります。ECカートシステム導入時の注意点について解説します。

検討しているECカートシステムを使ったことがある人に感想を聞く

難しいことかもしれませんが、これから長く使うECカートシステムですから、すでに導入している人が周りにいれば、使い勝手や課題などを聞き出してみましょう。周りに検討しているECカートシステムを使っている人がいなければ、使おうとしているECカートシステムの実績や事例を確認します。そのECカートシステムのホームページには実績や事例が掲載されているはずです。事例のECサイトにユーザーとしてアクセスしてみて、実際に購入まで試してみましょう。ユーザー側からの使い勝手をある程度把握することができます。

また、ECサイトの運営が上手くいけば、数年後にはECカートシステムも月々数千～数万円のカートシステムから、本格的にカスタマイズできるパッケージのECカートシステムに乗り換える必要が出てきます。しかし、その際、それまで使っていたドメイン（サイトのURL）が使えないケースがあります。せっかく多くのユーザーに訪問してもらっているドメインが使えなくなるのは売上にも影響するので、ECカートシステム導入時には、ドメインも将来、新しいECカートシステムに引っ越すことが可能かどうかを事前に必ず担当者に聞いておきましょう。

「売れる」「SEOに強い」などの文言に注意

ECカートシステムのホームページを見ると「売れる」あるいは「SEOに強い」といった文言があるかもしれませんが、そういった訴求は参考にしない

ほうがよいでしょう。売れるか売れないかは、ECカートシステムの機能ではなく、EC担当者の腕次第です。もちろん高価格のECカートシステムには、多くの売上向上のための機能も付いていますが、それらの機能を使いこなすにはノウハウが必要です。またSEOは、ECカートシステムによる優劣の差はほとんどありません。こういった訴求は実際には意味があまりないので気をつけてください。

将来のECカートシステムの乗り換えで引き継ぐデータやドメイン

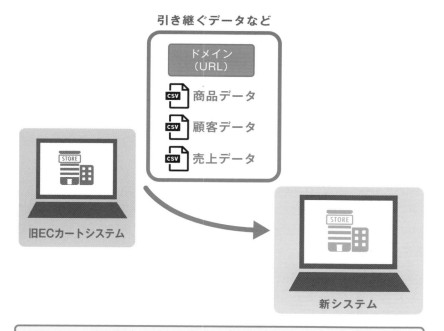

引き継ぐデータなど

ドメイン
(URL)

CSV 商品データ

CSV 顧客データ

CSV 売上データ

旧ECカートシステム

新システム

将来、ECカートシステムの乗り換えの際には**ドメイン(URL)やデータを新しいECカートシステムでも使えるのか?は非常に重要なポイント**

OnePoint

無料であったり、価格の安いECカートシステムの場合は、データ移行やドメイン移行に制限がある場合があるので注意が必要になります。

ECサイト立ち上げ時、どうやって集客を行うべきか？

前章でも解説したとおり、ECサイトを立ち上げるのは難しいことではありません。難しいのは集客です。ノウハウのないECサイト事業者が、収益をあげるために最初に行うべきことは何か？　まずは自分の知人・友人や常連に声をかけることから始めます。

🛒 ECサイトを作っただけでは、誰も訪問してくれない

　もし実店舗であれば、店の前を通る人や、近くに住む人にお店の開業に気づいてもらえ、足を運ぶ人も出てくるでしょう。しかし、自社ECサイトの場合（ショッピングモールは除く）は、そうはいきません。ただ**ECサイトを開設しただけでは、誰にも気づいてもらえません。**サイトに気づいてもらうためには広告が必要になりますが、ECサイトの場合、インターネット広告ではノウハウがないと採算がとれないことも多く、開業した最初から広告を打つのは、大手事業者でない限り現実的ではありません。

　また、ECサイトの開設後、すぐECサイト名でGoogle検索をしても検索結果には出てきません。なぜなら**Googleもできたばかりのことをサイトを認識できていない**からです。しかし、Googleは非常に優れた検索エンジンなので、遅くても数か月後にはきっと認識してくれるようになるでしょう。

　ここで1つ注意したいことがあります。それは**ECサイトのショップ名です。大手と同じようなショップ名や、あるいは検索数の多い単語の場合は、GoogleはあなたのECサイトよりも大手サイトや単語紹介ページを検索結果上位にしてしまいます。**ですので、ECサイトのショップ名が、検索エンジン上で、何か他のサービスや単語と重なっていないか、事前に確認しておく必要があります。

　また、似たような単語にも注意しましょう。例えば「キフロス」という独自のショップ名を付けたい場合、国名の「キプロス」の打ち間違いとGoogleが判断することもあるので、似たような単語にも注意してショップ名を考えましょう。

🛒 ECサイトの存在の広め方

　ECサイトをオープンしたら、まずは自分や従業員のSNSで、ECサイトオープンのお知らせ投稿をしましょう。そしてできれば「シェア」や「いいね」をしてくれるようお願いする投稿をして、1人でも多くの人に広まるようにします。実店舗がある人は、店舗内でも張り紙やチラシで宣伝しましょう。張り紙やチラシにはQRコードを掲載して、スマホですぐアクセスできるようにします。

　このような取り組みを行うことで、ユーザーがサイトに訪れたり、あるいはSNSでシェアしてくれたりするようになります。そういったインターネット上のユーザー行動の多くがシグナルとなり、Googleの検索結果により早く表示される可能性が高くなります。

ECサイト立ち上げ時は、自分の周りに宣伝・告知

スタッフの
SNSで投稿

店舗内の張り紙やチラシ

友人への宣伝

メルマガでの宣伝

✏️OnePoint

ECサイトを開業予定の人は、普段から自分のTwitterやFacebook、InstagramなどのSNSのフォロワーを増やすことを意識しましょう。

2-10 未経験者がECサイト開設前にノウハウを身につけるには

ECサイト運営に最も求められるのが、運営の経験やノウハウです。これを身につけないと、ECサイトで売上を高めていくのは困難です。しかし、ECサイトやWEBマーケティングのノウハウは、ECサイトを立ち上げる前から身につけることができます。その手法をいくつか紹介します。

🛒 ECやWEBマーケティングのスキルを磨く4つの方法

1つ目の方法は、**メルカリやYahoo!オークションなどのフリマから始めてみる**ことです。魅力的な写真や商品説明文が必要なのは、ECサイトもフリマもまったく変わりがありません。もし、フリマで多くの商品を売ることができるようになれば、ECサイト運営にもそのまま活かすことができます。フリマのプラットフォームはすでに多くの人が利用しているため、集客力のあるAmazonなどのショッピングモールでのECサイト運営に近い経験が養えます。

また、メルカリでは**「メルカリShops」というメルカリ内にショップを開設できるサービスが誕生**しました。ショップ開設には審査が必要ですが、集客力の強いメルカリShopsは、EC初心者には魅力的な選択肢です。

2つ目の方法は、**多くのECサイトで積極的に買い物をしてみる**ことです。競合他社もよいですが、様々なサービスを経験するために、業種にこだわらずいろいろなECサイトで買い物してみましょう。特にOisix（オイシックス）などは素晴らしい顧客体験[3]を提供しているECサイトなので非常に参考になるはずです。大手のECサイトからも、お手本とすべき顧客体験を学ぶことができます。

3つ目の方法は、ECサイトを開業する準備として、**開業前からSNSのアカウントだけを先に開設してフォロワーを増やすこと**です。特に

＊3 **顧客体験：**英語ではCustomer Experience（カスタマーエクスペリエンス）。「CX」とも略される。ユーザーが企業やその商品、サービスなどに関心を持った時点から、購入、利用、アフターサービスまでに経験する一連の体験を指す。

Instagramは誰もが「いいね」したくなる写真や動画、タグを上手く使えば比較的フォロワーを集めやすいSNSですから、ECサイト開業前にフォロワーを集めることも可能です。開業後の集客の助けとなるでしょう。

4つ目の方法は**ブログを開設すること**です。第6章で解説しますが、SEOを意識したブログを書くことで、広告費を使うことなく、アクセス数を増やすことができます。

なお、SEOで成果を出すためには、ブログはWordPressを使って独自ドメインで実施すべきです。よくある無料ブログはSEOに弱く、なかなかアクセス数を増やすことができないからです。

2

メルカリなどのフリマでもECサイトの運営経験が積める

人気商品調査　商品登録　顧客対応

梱包　配送　レビューを集める

✎**OnePoint**

フリマでの経験は、そのままECサイト経験につながります。個人でECサイトに興味があれば、まずはフリマから始めてみましょう。

Column

最も EC 利用率が高い
家電業界の EC 市場とは？

　家電業界は、EC化率が最も進んでいる業界であり、**物販系分野全体の BtoCのEC化率が8.08%なのに対して、家電業界は37.45%と大きく上回っています。**

　まず、家電販売はECサイトと非常に相性がよい分野であることが特徴として挙げられます。例えば家電製品は、型番さえ同じであれば、店舗で買っても、ECサイトで買っても商品の品質に差が生じづらいため、インターネット上では価格比較が簡単であり、ユーザーは最も安い価格で商品を買うことができるのです。

　こういった背景があり、家電大手は以前からECに多大な投資をしてきたわけですが、コロナ禍により、急激にECの市場規模が高まりました。今後も家電業界では、店舗受け取りなどのリアルとオンラインをつなぐ施策を加速させていくなどの先進的な取り組みが進んでいくでしょう。

家電業界のEC市場の推移

出典：経済産業省「令和2年度　産業経済研究委託事業（電子商取引に関する市場調査）報告書」

第 **3** 章

ショッピングモールに
出店する

3-1 | 3つのショッピングモールを比較する

Amazon、楽天市場、Yahoo!ショッピングなど有名なショッピングモールには強力な集客力があります。では、どのショッピングモールでECサイト運営を始めるべきでしょうか？　それぞれのショッピングモールの特徴を把握してから、出店すべきショッピングモールを決めましょう。

🛒 若い男性ユーザーが多いAmazon

　Amazonユーザーは、他のショッピングモールと比較すると35歳以下の男性ユーザーが多い傾向があります。自社商品に男性ユーザーが多い場合は、Amazonと相性がよいと言えます。

　Amazonは法人や個人事業主だけでなく、個人でも出品できます。出店のために用意する書類は、顔写真入りの身分証明書と過去180日以内に発行された各種取引明細書（クレジットカードの利用明細書など）だけで、**楽天市場やYahoo!ショッピングと比べると、審査が通りやすいのが特徴**です。

🛒 1店舗当たりの売上が最も多い楽天市場

　右ページの表は、三大ショッピングモールの比較表です。楽天市場は流通総額が最も高く、かつ出店数は51,153店と最も少ないため、**1店舗当たりの売上は3つのショッピングモールの中で最も多い計算**になります。

　ただし、売上をあげやすい反面、月額出店料やシステム利用料が発生するデメリットが生じます。ただ、楽天市場には「楽天スーパーポイント」というポイント制度があり、AmazonやYahoo!ショッピングに比べると、店舗側も売るための施策が立てやすいというメリットがあります。

🛒 初期費用や月額出店料がないYahoo!ショッピング

　Yahoo!ショッピングは初期費用や月額出店料というものが発生しませんので、資金が少ない事業者でもリスクが少なく、始めやすいというメリットがあります。しかし出店料が無料のためか、出店数が一番多いのも

Yahoo!ショッピングです。競合が多いため、Yahoo!ショッピング内の広告やポイント原資を使わずに、露出を増やして売上をあげるのはハードルが高めとなります。

　3つのショッピングモールに共通するのは、売上実績を積むことで、どんどん売上をあげやすくなるシステムであるということです。そのため最初は広告費を使って、採算が合わなくても売上を作る工夫が求められます。

Amazon、楽天市場、Yahoo!ショッピングの比較表

	Amazon（日本国内）	楽天市場	Yahoo!ショッピング
タイプ	出品型	出店型	出店型
出店数	不明（筆者予想18～20万店舗）	51,153店（2021年8月時点）	872,289店（2019年3月時点）
売上（流通総額）	2兆1,893億円（2020年度）	4兆4,510億円（2020年）	1兆347億円（2020年）※PayPayモール、ZOZOTOWNを含む
会員数（国内）	不明（筆者予想500～800万人　※Amazonプライム会員）	2,200万人（2021年3月時点）	2,762万人（2019年度）※Yahoo!プレミアム会員
ユーザー層の特徴	35歳以下の若い男性が多い	35歳以上の女性が多い	35歳以上のユーザーが多い
月額出店料（登録料）	大口出品は4,900円小口出品は無料	19,500円～/月（年間一括払）	無料
基本成約料	大口出品は無料小口出品は100円/回	無料	無料
システム利用料	8～15%	2～7%	無料
その他、ポイント原資など	なし	なし	数パーセント必須

筆者調べ
参考：https://www.netratings.co.jp/news_release/2020/07/Newsrelease20200707.html

🖌 OnePoint

最初から安いプランを選んだり、広告を使わないと、あまり売上が出ない可能性もあるので、特にプラン選びは事前の情報収集をしっかり行いましょう。

Amazonに出品する前に押さえるポイント

Amazonでは、事前に知っておくべきことが多くあります。例えば出品プランには「大口出品」と「小口出品」の2つがありますが、事業者が出品する際は大口出品にすべきです。また、FBAの登録はフルフィルメントの効率化だけでなく、商品の売上にも関わっています。これらの情報を事前に把握しましょう。

🛒 プランや発送方式が売上に大きく影響する

Amazonには「大口出品」と「小口出品」の2つのプランがあります。小口出品は月額出店料がかからないメリットがありますが、デメリットも多数あります。

まず、Amazonで売上をあげるために積極的に使いたいAmazon内の広告「Amazonスポンサープロダクト」が使えないデメリットがあります。また、商品点数が多い場合は「一括出品ツール」があるのですが、小口出品では使えません。このような機能制限が多々あるため、**事業者は大口出品のプランを選ぶべき**です。

次に、Amazonの発送方式は「自己発送」と「FBA」の2つあります。**FBAとはフルフィルメント**[4]**by Amazonの略で、発送だけでなく商品の保管、返送、お客様からの返品までのすべてをAmazonが代行してくれるサービス**です。FBA対象の商品になると、「Amazonプライム」対象商品となり、商品にAmazonプライムのマークが付きます。Amazonプライム会員への配送特典として配送が早くなるため、商品が売れやすくなります。

FBAを利用すると、Amazonの商品検索でも上位表示されやすくなるなど、メリットが多く、Amazonに出店する場合は、FBAを利用することを前提で考えましょう。ただし、FBAは手数料と商品保管料がとられます。月額の固定費は発生しないものの、商品ごとに手数料が発生します。

＊4 **フルフィルメント**：ECや通販において、商品の注文から購入者に届くまでの一連の業務（受注、梱包、発送、決済、在庫管理、返品、カスタマーサポートなど）を指す。

🛒 Amazonでは1商品1ページ

　Amazonでは、同じ商品が並んでユーザーが選びにくくなるのを防止するために、**1商品は1ページしか表示されません**。同じ商品を複数の事業者が出品した場合は、事業者同士でショッピングカート（商品ページ）の取り合いになります。どのようにしてショッピングカートに表示される事業者となるかについて、Amazonは明らかにしていませんが、価格やFBAの利用など様々な要素が考慮されるのです。

ショッピングカート（商品ページ）は事業者で奪い合い

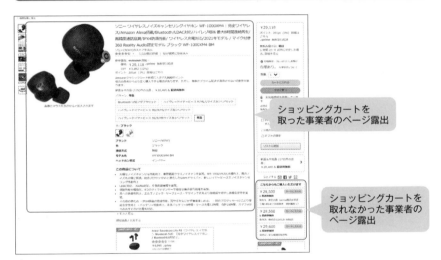

ショッピングカートを
取った事業者のページ露出

ショッピングカートを
取れなかった事業者の
ページ露出

Amazon
https://www.amazon.co.jp/

OnePoint

ショッピングカートを取るためには、最低でも大口出品プランであることと、FBAを利用することが必要となってきます。

Amazonでショッピングカートを獲得する

Amazonの商品検索結果にアクセスするユーザーの多くは、購入意欲の高い
ユーザーです。したがってAmazonですぐに売上をあげるには、商品検索結
果画面にAmazonスポンサープロダクト広告を出すことが必要です。そのた
めには、ショッピングカートを獲得する必要があります。

ショッピングカートを獲得するために必要な要素

前述したとおり、Amazonは1商品1ページの原則があるため、独自の商
品ではないかぎりショッピングカートは競合との取り合いとなります。
ショッピングカートを自社でしっかり取るためには、下記の要素が必要とな
ります。

- ・商品の売上
- ・商品価格
- ・購入者からの評価
- ・大口出品プランの利用
- ・FBAの利用

カンタンに言えば、**ショッピングカートを獲得するには、ユーザーに対し
ての販売実績数やユーザーに提供できる価値（すぐ配送ができる、評価が高
い、安いなど）が高いかどうか？　という点が問われている**のです。

Amazonスポンサープロダクト広告が利用可能に

Amazonにはいろいろなタイプの広告がありますが、やはり最も効果が高
いのは、Amazonスポンサープロダクトと呼ばれる広告です。

Amazonスポンサープロダクト広告は、右図のとおり、商品検索結果の上
部に表示される広告なので、商品を探しているユーザーの目に留まりやす
く、非常に効果が高い広告です。**Amazonで商品検索するユーザーは商品**

購入意欲が高いため、Amazon内のよい場所に広告を設置することができれば、極めて効果が高くなります。

　このAmazonスポンサープロダクト広告は、ショッピングカートが取得できていないと利用することができません。

　また、クリック課金型の広告になっているため、商品が売れなくてもクリックごとに広告費用が発生します。Amazonスポンサープロダクト広告を実施する前には、しっかり魅力的なページを作りこんでいないと、注文の獲得の効率は悪くなります。

Amazonスポンサープロダクト広告の掲載位置

Amazon
https://www.amazon.co.jp/

✎OnePoint

評価が高く値段が安い、Amazonがおすすめする商品には「Amazon's choice」というマークが表示され、商品が売れやすくなります。

3-4 | Amazonで売上をあげるためのポイント

Amazonで売上をあげるポイントは、商品の販売実績を積むことです。そのためにAmazonスポンサープロダクト広告を使ったり、値下げをして商品販売数を伸ばすなどの工夫が必要となります。そうすることで、Amazon内での商品検索結果などの露出が高まりやすい土台を作ることができるのです。

🛒 Amazonでの商品戦略

Amazonでは商品の販売実績が重要となります。**商品が売れるにつれて実績が積み重なり、商品検索結果でも上位表示されやすくなります。**また、実績がつくとAmazonが実施するレコメンドやメールマガジンにも自社の商品が掲載される可能性が高まるため、ますます売上が伸びていきます。

したがって、Amazonでは実績を積み上げることができそうな商品を見極めて、そういった商品に優先的に施策を行います。Amazonが提供する広告も上手く利用して、販売実績を積み重ねましょう。

🛒 商品名に「サジェストキーワード」を含める

また、**商品の検索結果が上位になるよう意識した商品登録**も重要です。Amazonの商品ページ対策の基本は下記の5つです。

①商品名
②商品画像
③商品の箇条書き
④Amazon A＋（プラス）（商品紹介コンテンツ。大口出品プランのみ）
⑤キーワード

Amazonはブラウザだけでなくアプリの利用も多いので、必ず「アプリ」「スマホ」「PC」でどのように見えているかの確認も必要です。

そして、自社商品を検索結果に表示させやすくするためには、**商品名に対策キーワードを含めることが重要**です。検索キーワードはなんとなく決めるのではなく、ユーザーが商品名を検索した際Amazonの商品検索窓に出る「サジェストキーワード」を商品名に含めることがコツです。つまりユーザーが検索しそうなキーワードを商品名に入れることで、より検索結果に表示されやすくなるのです。そのため商品登録の際は、サジェストキーワードを調査して、文字数が許す限りできるだけ多くのサジェストキーワードを含めてください。

　なお、商品名に商品と関係のない文言や記号を含めるのはNGとなります。例えばUSB扇風機の商品名に「可愛い」という文言を入れるのは、商品とは直接関係のない言葉であるためルール違反です。☆や♡などの記号も禁止されています。つまりAmazonではシンプルな商品名が推奨されているのです。

Amazon商品検索のサジェストキーワード

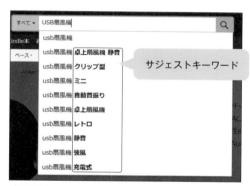

Amazon
https://www.amazon.co.jp/

🖌**OnePoint**

Amazonで売上をあげるには、ユーザー体験を向上させることを基本とし、価格だけでなく、ショップ評価や配送面などサービス全体で考えましょう。

3-5 楽天市場の魅力は「楽天スーパー SALE」

楽天市場は、Amazon や Yahoo! ショッピングなどのショッピングモールの中でも特に、売るための仕組みやノウハウが多く存在します。その1つが楽天スーパー SALE です。この期間は多くの集客が見込めるため、楽天スーパー SALE に合わせた告知や、商品を用意するなどの施策が重要となります。

楽天スーパー SALE とは？

楽天スーパー SALE は年に4回開催（開催時期は3月、6月、9月、12月）されるセールのことです。テレビ CM を打つなど楽天もプロモーションに力を入れており、ポイント還元やクーポン配布など多数のイベントが実施されます。そのため**商品を安く買いたいユーザーや、ポイントを貯めたいリピーターが集まる一大セール**となっています。

通常とは比較にならないくらい多数のユーザーが集まるため、ショップ側にとっては売上を伸ばしたり、新規ユーザーを捕まえる大きなチャンスとなります。

既存の顧客には、楽天スーパー SALE の告知をメルマガでしっかり行います。また、楽天スーパー SALE 時には、**「楽天スーパー SALE サーチ」というセール商品を検索するための機能**が特別に出現し、ユーザーに提供されます。これはユーザーが割引品だけを検索することができる商品検索機能です。ショップ側は、セール品を事前に登録しないといけません。

クーポンの使用期間を楽天スーパー SALE 期間に合わせる

楽天市場では、ポイントアップの倍率や期間をショップ側で自由に設定することができます。通常時にもある機能ですが、せっかくなら**商品が最も売れる楽天スーパー SALE に合わせてポイントアップ**しましょう。楽天からはポイントアップバナーが配布されるので、スマホと PC のトップ画面や各ページの共通設定できる場所に「スーパー SALE やってます！」という露出

を強化します。

　「ラ・クーポン」という楽天市場で使えるクーポンがありますが、ポイントと同様に、このクーポンの使用期間も楽天スーパー SALE の期間に設定しましょう。なぜなら、クーポンの期限が迫ると楽天が自動メールで「期限が迫っています！」と自動で通知をしてくれるからです。

楽天イーグルスの優勝記念セール

　楽天市場ではスーパー SALE と同じ規模のセールが行われることがあります。それは楽天グループ保有の球団やクラブチームが優勝したときに開催される「優勝セール」です。内容はほぼ楽天スーパー SALE と同様ですので、そのタイミングも出店者には大きなチャンスとなります。

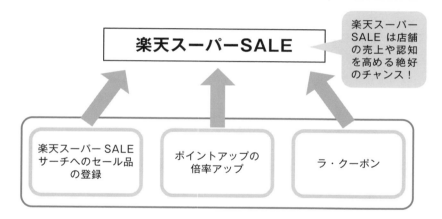

楽天スーパー SALE は売上を飛躍的にあげるチャンス

楽天スーパーSALE

楽天スーパー SALE は店舗の売上や認知を高める絶好のチャンス！

| 楽天スーパー SALE サーチへのセール品の登録 | ポイントアップの倍率アップ | ラ・クーポン |

OnePoint

楽天スーパー SALE を上手く利用すれば、新規ユーザーやリピーターを増やすことができます。セールを最大限活かすために事前に告知を行います。

楽天サーチ・楽天検索
エンジンを最適化する

楽天サーチの最適化とは、楽天市場の商品検索で上位表示対策を行う施策です。楽天サーチ対策は、ひと昔前までは、タイトルやページに狙った「キーワード」がどれくらい入っているかといった単純な施策が中心でしたが、最近ではアルゴリズムも複雑化しています。

楽天サーチの5つのコツ

①よく検索されるキーワードを調べる

　まず、よく検索されるキーワードを調査します。実際に楽天サーチを検索してサジェストキーワードを見るといった方法もありますが、検索ボリュームがわかりませんので、右図のように**Googleキーワードプランナーを使って、キーワードの検索ボリュームや関連キーワードを調査する**とよいでしょう。1単語の単一キーワードよりも、2単語以上の複合キーワードのほうが上位表示するための難易度は下がりますので、まずは複合キーワードで上位を目指します。Googleキーワードプランナーは5-4で解説します。

②キーワードを商品名などに設置する

　次に、**狙っているキーワードを「商品名」「商品説明文」「販売説明文」「キャッチコピー」「商品ページ内の説明文」に設置**しましょう。こうすると楽天サーチで上位表示されやすくなるのはもちろん、キーワードが入ったページを読んだユーザーに対し、購入を後押しする効果があります。

③キーワードの順番も重要

　楽天サーチではキーワードの順番も重要になってきます。もし、楽天サーチでのサジェストキーワードが「水　おいしい」であれば、その順番どおりに商品名や説明文にキーワードを入力してください。

④記念日やイベントのキーワードを入れる

　4つめのコツは、記念日やイベントのキーワードを商品ページに入れることです。楽天市場では「母の日」「父の日」「クリスマス」などのイベント時期には関連する商品の需要が急激に多くなります。このようなイベントでの取りこぼしを防ぐために、商品ページでイベントのキーワードを入力することも非常に効果的です。

⑤キャッチコピーも重要！

　楽天サーチでは、商品名と同じくらいキャッチコピーが重要になります。キャッチコピーには「父の日のおすすめ！」「クリスマスプレゼント用」など記念日やイベントを意識したキーワードを入れてみましょう。

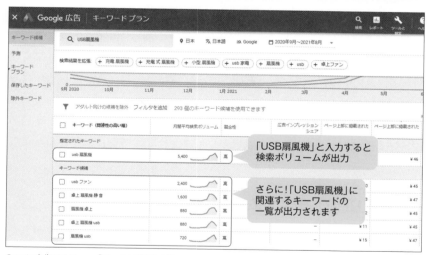

Googleキーワードプランナーでキーワード調査

Google広告のメニュー「ツールと設定」より

✏️ **OnePoint**

楽天サーチの上位表示のためのアルゴリズムは日々更新されるため、日ごろから最新の情報を収集して、商品ページに最新の対策を施しましょう。

3-7 | 楽天市場の広告を利用して売上をあげる

楽天市場には様々な広告が用意されていますが、一番効果が高いのは楽天RPP広告（楽天プロモーションプラットフォーム）です。楽天市場に参入したばかりの事業者は、楽天RPP広告を上手く使いましょう。広告で商品の販売実績を積むと、楽天サーチでも上位表示されやすくなる状況が作れます。

🛒 楽天RPP広告とは？

　楽天RPP広告とは、楽天市場でユーザーが検索した内容に連動して表示される広告です。商品検索をしているユーザー、つまり**購入意欲の高いユーザーに対し、楽天サーチの商品検索結果の最上部に表示されるため、効果が高いと言えるでしょう。**

　費用は1クリックあたりの入札型広告となっており、月額で予算を決めて運用します。人気のあるキーワードの1クリックあたりの入札単価は高くなります。入札単価が高く、販売実績のある商品が優先的に表示される仕組みとなっています。

　初心者は上手く使うコツがわからないため、クリックはされても商品がまったく売れなかったり、あるいはクリックされずに予算が消化されなくなることもあるので、次の4つのコツを押さえましょう。

🛒 楽天RPP広告4つのコツ

　1つめのコツは「除外設定」です。初期設定では、楽天市場で商品登録した商品すべてが楽天RPP広告の表示対象となっています。それでは広告費用のコストパフォーマンスが悪くなるため、**売れなさそうな商品は除外設定を**しましょう。除外設定は見落とす人が非常に多いポイントです。商品登録した際は、常に除外設定をどうすべきかを念頭に置いておくべきです。

　2つ目は楽天RPP広告に独自のキーワードを設定することです。商品とマッチしそうなキーワードを探し、設定することで商品露出が増えます。逆にキーワードの設定により極端に表示されない場合があるので、その際は

キーワードの見直しが必要となります。

　3つ目は商品画像です。せっかく広告予算を使っているのですから、クリックされやすいように**楽天RPP広告に表示される商品画像の1枚目は手を加えたり、質の高い画像を設置して、広告効果を高めることを意識してください。**

　4つ目のコツは、ポイントやクーポンを商品に合わせて設定することです。検索結果がさらに目立つようになりクリックされやすくなるので、楽天RPP広告と組み合わせて使うことで効果が高くなります。

楽天RPP広告の掲載位置

楽天市場
https://www.rakuten.co.jp

🖋 OnePoint

商品ページを作りこんだり、ポイントやクーポンなど他の施策を併せて実施することで、より楽天サーチが最適化されます。

3-8 | Yahoo!ショッピングの基本はPRオプション

Yahoo!ショッピングは初期費用や月額出店料ともに無料で開設できるショッピングモールなので、初心者や資金の少ない事業者がリスクなく開設することができます。しかし、楽天市場と違い、販促費用をまったく使わずに売上をあげるのは非常に困難です。

🛒 Yahoo!ショッピングで必要な広告原資とは？

Yahoo!ショッピングは、初期費用や月額出店料がかからないとはいえ、完全に無料ではなく、下記のような**成果報酬型の費用が必要**となります。

- ・ストアポイント原資負担
- ・キャンペーン原資負担
- ・アフィリエイトパートナー向け報酬原資
- ・アフィリエイト手数料

Yahoo!ショッピングは、出店数が最も多いショッピングモールですので、競合が非常に多く、商品ページを作るだけでは露出も少なく、なかなか商品が売れないのが現状です。したがって、**開店直後は価格を安くしてストアの売上実績を作り、ストアの評価を高くしてからPRオプションという商品検索結果に表示される広告機能を使う**など、Yahoo!ショッピングならではの戦略が必要となります。

🛒 PRオプションとは

PRオプションとは1〜30%の料率を決めて、Yahoo!ショッピング上で露出を増やすことのできる広告です。この広告の料率を高く設定することで広告露出が増え、商品が売れやすくなります。積極的に販売をする場合は料率を10%以上と高めに設定することで、競合よりも露出が増えて、商品が売れやすくなります。

PRオプションを使うと、Yahoo!ショッピングの商品検索結果上位に表示されやすくなる効果があります。PRオプションをオフにしてしまうとこの効果もなくなってしまうため、積極的に販売を行わない時期でもPRオプションを1%程度設定し続けるなどの運営テクニックが必要となります。

PRオプションは誰でも使えるわけではなく、一定以上の取引高がないとこのオプションを使うことができません。ですから最初は販売実績を作るための戦略が必要となります。

Yahoo!ショッピングのPRオプションの掲載位置

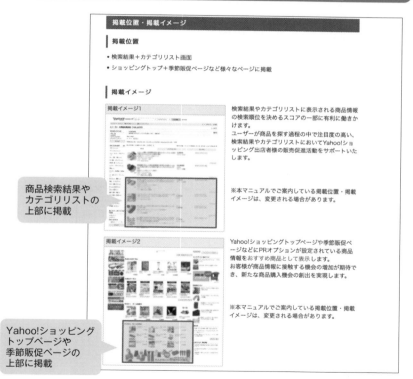

Yahoo! ストアクリエイター Pro「PRオプション PRオプションとは（PayPayモール版）」
https://test-store-info.yahoo.co.jp/prpmall/a/3600.html

🖊 OnePoint

最初はPRオプションを使うため、ポイント原資負担を高めたり、値引きをするなどして、商品を売れやすくして販売実績を作りましょう。

3-9 Yahoo!ショッピングで検索結果上位を目指す

楽天市場は月商500万円越えのショップも多いですが、Yahoo!ショッピングは月商100万円超えのショップでさえ少ない印象です。その要因の1つは楽天サーチの検索順位を上げるテクニックが、Yahoo!ショッピングでは通用しないことです。そのためYahoo!ショッピングの独自のノウハウを得る必要があります。

🛒 Yahoo!ショッピングの商品検索のデフォルトは「おすすめ順」

Yahoo!ショッピングの商品検索は、**基本が「おすすめ順」となっているので、その状態で上位表示されることを目指します。**そのためには、Yahoo!ショッピングで提供されている商品登録項目に空欄を作らず、すべて埋める必要があります。なぜなら検索のアルゴリズムは、登録項目の内容をもとに検索順位を決定しているからです。

🛒 Yahoo!ショッピングのSEOでの4つのポイント

Yahoo!ショッピングのSEOでは大きく分けて以下の4つのポイントが重要です。

①検索ワードと商品の関連性
②商品の販売実績
③ストア評価
④広告費

まず、検索ワードと商品の関連性ですが、Yahoo!はインターネット検索の会社だけあって、**キーワードを詰め込むような手法は通用しません。**検索ユーザーの意図に沿った商品ページを作る必要があります。

それ以外にも、販売実績やショップ評価や、PRオプションへの広告料率などが考慮されて検索順位が決まります。そのため、まず広告を使って最初から実績を作ることが大切なのです。

なお、商品名欄に【】や△などの記号を入れるのはNGです。Yahoo!ショッピングでは、商品名をシンプルに入れることが求められており、クリックされやすいからといって、このような訴求を行うと、検索順位を下げられてしまいます。ユーザーの目を惹きやすいように、【】を使って【送料無料】などと入れたくなりますが、このような禁止事項はやってはいけません。

また、商品名の文字数は30文字程度を意識してください。商品名は、Yahoo!ショッピング内だけではなく、外部のGoogle検索でも表示される項目なので、その点も考慮すると、文字装飾は非常に不自然です。商品名を工夫することでGoogle検索でも検索されやすくなります。

商品登録の際、検索結果に影響する項目と対策

検索結果に影響する項目	対策
商品名 (name)	正確な商品名を記入。文字装飾はNG
商品コード (code)	検索結果上位を目指すなら入力必須
キャッチコピー (headline)	送料無料や割引などの訴求は、ここで入力する
商品情報 (explanation)	必要以上にキーワードを詰め込まない。ユーザーへのわかりやすさを重視
製品コード (product-code)	JANコードやISBNコードを入力
ブランドコード(brand-code)	Yahoo!ショッピングが定めたコードを入力
プロダクトカテゴリ (product-category)	Yahoo!ショッピング内のカテゴリに商品を登録するためのカテゴリ

🖋 OnePoint

商品検索順位を上位にするコツは、ユーザーにとってわかりやすいページであるか？　という点です。キーワードの詰め込みはやめましょう。

3-10 | Yahoo! ショッピングでは 販促イベントを活用する

Yahoo!ショッピングにもスーパーセールが存在します。それが「超PayPay祭」です。楽天スーパーSALEのように開催日程が厳密に決まっているわけではなく、年に数回不定期で行われます。Yahoo!ショッピングでは、販促イベントがあるので、上手く利用して売上をあげるのがポイントです。

🛒 「超PayPay祭」と「5のつく日」

「超PayPay祭」は、2021年は3月と10〜11月に実施されました。なかでも「グランドフィナーレ」は、諸条件を満たして買い物することで**最大44%ポイント付与があり、ポイント目当てや、掘り出し物が欲しいユーザーが一気に集まるイベント**です。また、毎月5日、15日、25日は、通常のTポイントの1%にプラスして、PayPayボーナス4%がユーザーに付与され、合計5%のポイントが付与される日であり、ストアにとっては、売上をあげるチャンスの日なのです。

🛒 イベントに合わせて広告出稿

このようなイベント日は通常よりも集客や購入率が高まるので、タイミングを合わせて広告出稿も行いましょう。

1つは**ストアマッチと呼ばれる、商品検索結果の上部に露出される広告**です。ストアマッチは、PRオプションよりもよい位置に表示されます。また、PRオプションは成果報酬型の広告ですが、ストアマッチはクリック単価型の広告です。ストアマッチは1クリックあたり10円以上での設定になります。クリックされても売れる保証はありませんので、購入率を高めるクーポン施策などと組み合わせる必要があります。

Yahoo!ショッピングが提供するツールを使うことで、ターゲットに合わせたクーポンを発行することができます。例えば、リピーターを増やしたいという場合は、Yahoo!プレミアム会員向けにクーポンを発行したり、新規

ユーザーにターゲットを絞って広告を配信することができます。このような
クーポンは「5のつく日」などのイベントに合わせた登録が効果的です。また
Yahoo!ショッピングではメルマガはストアニュースレターと呼ばれ、クー
ポンと組み合わせることでより効果的になります。クーポン配布やイベント
の事前に告知を行い、売上をアップさせます。Yahoo!ショッピングではメ
ルマガが無料で利用できることが大きなメリットの1つなので、イベントに
合わせて積極的に利用しましょう。

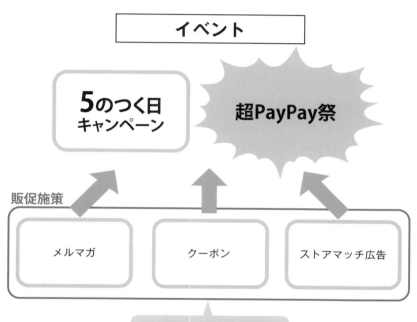

OnePoint

施策の中心をイベント日にすることで、メルマガ、クーポン、広告などの各施策の
効果を出しやすくなります。

2極化が進むアパレル業界のEC市場とは？

　EC業界の中でもアパレル業界は市場規模が大きい業界の1つであり、毎年1～2%程度EC化率が上昇しています。**2020年のEC市場規模は2兆2,203億円、EC化率は19.44%に達しました。**

　その大きな要因は、アパレル業界ではECサイトの管理・運用をカンタンにするツールやソリューションが多く誕生したことで、業界全体で業務効率化が進んでいること、またECと店舗を連携するオムニチャネル施策を実践する企業が増えてきたことです。

　オムニチャネルとは、実店舗やECサイト、カタログ、SNSなど顧客とのすべての接点を統合して活用する販売戦略です。オムニチャネルを実現するためには、実店舗とECサイトのデータ連携が欠かせませんが、アパレル業界ではデータ連携に成功した企業と、そうではない企業の二極化が進んでおり、成功した企業はいずれも売上を拡大させています。

アパレル業界のEC市場の推移

出典：経済産業省「令和2年度　産業経済研究委託事業（電子商取引に関する市場調査）報告書」

第 **4** 章

自社ECサイトを開業する

4-1 自社に合う有料EC カートシステムの探し方

自社でECサイトを開設する場合、どのECカートシステムを利用すべきかは悩むところです。有料ECカートシステムは、どこもセールスポイントが似ており決め手に欠きます。ここでは、初心者向けの機能やサポートを紹介するので、ECカートシステム選びの参考にしてください。

🛒 有料のECカートシステム選びの3つのポイント

①初心者向けセミナーなどを開催しているか

最初のポイントは、**初心者向けのネットショップ開業セミナーなどが開催されているか**という点です。ECサイト初心者が最初につまずくポイントは、商品がなかなか売れないという点です。そのためECサイト運営開始当初は、ECカートシステムが開催する勉強会などに積極的に出席して情報収集する必要があります。ECサイトで売上をあげるポイントについては、インターネット上にも多数の解説がありますが、自分が使っているECカートシステムで実際に売上をあげるための情報はなかなかありません。そのため、セミナーを積極的に開催しているECカートシステムを導入すべきでしょう。

②WordPressとの連携機能はあるか

2つ目のポイントは**WordPressとの連携機能**です。SEOに関して世界中で最も効果を出しているプラットフォームはWordPressですので、自社ECサイトで本格的にSEO施策をブログ記事で実施するなら、この機能は必須です。WordPress自体は無料で誰でも利用することができますが、**右図のようにECサイトと同じドメインでブログを開設したほうが、SEOの効果が出やすくなります**。その設定は多くのECカートシステムにオプション機能として提供されているため、必ずWordPressの連携機能があるECカートシステムを利用しましょう。

③ECカートシステムに搭載されている決済方法は何か

　3つめのポイントは、**ECカートシステムに搭載されている決済方法**です。ECサイトの基本はクレジットカード決済ですが、ターゲット層によってはクレジットカード以外の決済方法も必要になります。例えば、クレジットカードを持っていない10代のユーザーがターゲット層の場合は、コンビニ決済やキャリア決済が必要となりますし、海外向けのECサイトの場合は、PayPalが外国人には馴染みがあり、よく利用される決済方法です。

　このように、ショップのターゲット層により利用される決済方法は違います。また、昨今では「Amazon Pay」や「楽天ペイ」という決済方法も普及しており、ECサイトに導入することで、Amazonや楽天のIDとパスワードでログインすることができます。決済方法は、導入するECカートシステムごとに異なるので、事前に把握しておきましょう。8-2ではAmazon Payや楽天ペイについて詳しく解説しています。

ブログを実施するときはECサイトと同じドメインであること

ドメインが別々

ECサイト	ブログ
https://ecsite.com	https://blog.com

・SEOの効果が出にくい
・SEOの順位上昇に時間がかかる

⭕ ドメインが同じ

ECサイト　https://ecsite.com
ブログ　　https://ecsite.com/blog/

同じ
ドメインだから
Googleが
認識しやすい

・SEOの効果が出やすい
・SEOの順位上昇が早い

🖌 OnePoint

SEO施策に力を入れて実施するなら、WordPress連携機能があるECカートシステムを選びましょう。

4-2 | ECサイトのサイト構造を理解する

ECサイトは主に「TOPページ」「カテゴリーページ」「商品ページ」という3つのページから構成されています。それぞれ役割がありますので、それを理解した上で、各ページの作成やカテゴリー整備を行いましょう。役割を理解しないと不自然なECサイトになり、ユーザーに違和感を持たせます。

🛒 ECサイトの構造

ECサイトの構造は、右図のとおりツリー型となっており、基本的には下記の3種のページから構成されています。

①TOPページ
②カテゴリーページ
③商品ページ

では、それぞれのページの役割を解説しましょう。

①TOPページ

TOPページは、ユーザーがサイトを訪れたとき、最初に出会うページです。そのため、以下の3点が重要となります。

①何を販売している会社かがひと目でわかる
②目的のページにスムーズに行くことができる
③信頼ができる

②カテゴリーページ

カテゴリーページの役割は、目的の商品を探しやすくすることです。例えばカテゴリーを整理して表示したり、商品数があまりに多い場合は小カテゴ

リーを設置するなど、ユーザーが目的の商品を探しやすくなることが求められています。

③商品ページ

商品ページの役割は、購入率を少しでも上げることです。そのために、ユーザーが求める情報、気になるポイントやキーワードが書かれていることが重要となります。商品ページはSEOに関わってきますが、何よりも購入率を高めることを最優先しましょう。

🛒 その他のページ

その他には、「運営会社」「採用情報」「お問い合わせ」「利用規約」「プライバシーポリシー」「特定商取引に基づく表示」など必要に応じて、ページを作成します。これらは売上に直接影響があるわけではありませんが、サイトの信頼感の醸成のためにも非常に重要なページです。

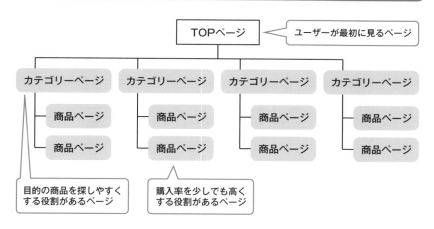

ECサイトのディレクトリ階層の例

🖌 OnePoint

ECサイトのページにはそれぞれ役割があります。カテゴリーページは見やすさ、商品ページはユーザーニーズを満たすことを意識します。

4-3 ┃ ECサイトのデザインで重要なことは？

> ECサイトを作るのなら、デザイン性の高いカッコいいサイトを作りたいと考えるのではないでしょうか？ しかし、あまりにデザインに凝ると、使い勝手が悪く、商品を探しづらいサイトになることがあります。ECサイトのデザインで重視すべきは、ユーザビリティであり、ユーザー体験です。

🛒 デザインで気をつけるべきこと

TOPページは、新規のユーザーがECサイトと最初に接点を持つ場所で、非常に重要なポイントです。よくやってしまいがちなミスは、「お客様第一主義です！」「精一杯営業しております！」などの思いを伝えるメッセージをメインビジュアルにすることです。このようなメインビジュアルでは、何を扱っている会社か？ 何屋なのか？ という点が非常にわかりづらくなりますので、まずは**「何屋」なのかがひと目でわかる**ようにすべきです。

さらにTOPページでは、他のECサイトとの差別化要素を盛り込むべきです。新規ユーザーは何かのきっかけで、Amazonや楽天市場ではなくあなたのECサイトに辿り着いたのです。そのような**新規ユーザーに対しては、他のECサイトにはない、あなたのサイト独自の差別化要素を訴求すべき**でしょう。

例えばアパレルのECサイトなら、プロのバイヤーが海外から直接仕入れていることだったり、サプリメントのECサイトなら、特別な製法や、品質管理を行っているといった点です。メインビジュアルは、ECカートシステムのテンプレートで作れますが、できればWEBデザイナーに依頼して、印象的なものを作りましょう。

🛒 サイトデザインは信頼感のあるものにする

小規模ECサイトが大手のECサイトに比べて不利な点は、サイトの信頼感です。ECサイトの決済はクレジットカードが基本ですので、サイトに信

頼性がないとクレジットカードの使用がためらわれ、購入に至りません。

　素人くさい作りや貧相に見えるデザインだと、ユーザーは不安を感じるかもしれません。凝ったデザインは必要なくとも、見た人に信頼感を与えるようなきちんとしたデザインにするほうがよいでしょう。そうしないと、売上に大きく響きます。

変わったECサイトデザインはNG！

　例えば、メインビジュアルの文字が縦に書いてあったり、ECサイトの動きが普通のタイプと明らかに違うものは、ユーザーがECサイトの使い方に戸惑い離脱する大きな原因になってしまいます。そのためECサイトは、一般的なECサイトと同じ使い勝手であるべきなのです。デザイナーに一風変わったECサイトを提案されたら、デザイナーや業者の変更も視野に入れるべきでしょう。

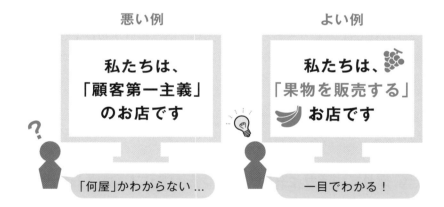

ECサイトのメインビジュアルは、何を扱っているのかを伝える

悪い例　　　　　　　　　　　　よい例

私たちは、
「顧客第一主義」
のお店です

「何屋」かわからない…

私たちは、
「果物を販売する」
お店です

一目でわかる！

OnePoint

ユーザーにとって、わかりやすいECサイトのデザインにしましょう。しかし、デザインが貧相になってしまうとユーザーは信頼感が持てません。

4-4 | ECサイトのデザイン 制作を依頼する

利用するECカートシステムが決定したら、ECサイトのデザインを作成します。新規会員を獲得し、リピーターを増やすために、ECサイト運営にはブランディングが不可欠です。そのため、ECサイトのデザインは重要なのです。

🛒 ECサイトのデザインは専門のデザイン会社に依頼する

ECカートシステムのデザインを依頼する際は、主要なページであるTOPページ、カテゴリーページ、商品詳細ページを中心に依頼することになります。

MakeShopや、ショップサーブ、futureshop、カラーミーなどの有名ECカートシステムを利用するのであれば、そのカートシステム専門のデザイン会社や、ECカートシステム公認のデザイン会社が存在するので、なるべくそういったデザイン会社に依頼すべきです。なぜなら、**慣れていないデザイン会社では、ECサイトでモノを売るという観点が抜けてしまい、UI（ユーザーインターフェース）の悪いものができてしまうリスクがある**からです。

料金は依頼するページ数にもよりますが、だいたい15～50万円以内が相場です。予算が限られている場合は、TOPページ、カテゴリーページ、商品詳細ページだけでも依頼するようにしましょう。

🛒 売れているサイトのデザインを参考にする

ECサイト初心者が、「こういうECサイトにしたい！」と熱意と愛着を持つのはよいことですが、自分の考えに執着してはいけません。なぜならECサイト初心者の多くは「売れるサイトデザイン」というのを知らないからです。自分の主観でECサイトのデザインを依頼するのは、実はすごくリスクの高いことなのです。

リスクを減らすためには、ECカートシステムを導入する際、営業担当に

「できれば、うちと同じか、近い業界で売れているサイトを教えてください」と聞いてみましょう。そして、そのサイトのデザインを参考にするのです。

　売れているECサイトというのは「カッコいいサイト」ではなく「わかりやすいサイト」のはずです。デザインの発注をする前に売れているサイトを見つけて、そのサイトのデザインを見て、どうして売れているのかを自分なりに考えてみてから発注しましょう。発注の際には、デザイン会社に「このECサイトを参考にしてください」と伝えるとよいでしょう。

　また、反対に売れていなさそうなECサイトを探してみるのもよいでしょう。同じように、悪い理由を自分なりに整理し、言語化して、デザイン会社に注意として伝えるのは、デザイン面での意識合わせに役立つからです。口頭だけでなく、メール文面やドキュメントに残して伝えるように心掛けましょう。

売れているECサイトを分析する

サイトを調べてみると、

折りたたみ財布
¥2,490
★★★★☆(122)
カジュアルでな見た目なので、仕事でもプライベートでも両方使えます！

わかったことを踏まえて、

デザイン会社に伝えよう！

このECサイトは売れている！
どうしてだろう？

・フォントがわかりやすい
・訴求がわかりやすい
・商品の魅力が伝わる
から売れているのか！

🖌 OnePoint

自分の主観でECサイトのデザインを決めるのではなく、売れているECサイトのデザインを参考にしましょう。

4-5 | ECサイトの開設準備を行う

ECサイトの公開前でも行うべきことがあります。実際の店舗ではすべての用意が整ってからお店をオープンするものですが、インターネット上では、Googleからいかに早めに認知されるかが重要なため、買い物をすることができなくてもURLを公開して、準備することが重要です。

🛒 ECサイトはオープン前からURLを公開すべし

ECサイトの公開にあたっては、ショップ名を決める必要があります。**ショップ名はとにかく「独自で」「覚えやすい」という点が大事**になります。

まず、ショップ名を思いついたらGoogle検索してみて、同じ名前のショップがないことを確認しましょう。もし、同じジャンルの競合店で同名のショップがあったら、それだけで不利になるからです。

ショップ名が決まれば、ショップ名に基づいたドメインを取得して、ECサイトをオープンさせることが可能となります。

ECサイトがまだ準備中でも、URLは公開しておきましょう。ユーザーはもちろん、Googleのクローラーも訪れるため、早めにURLを公開しておいたほうが、検索されやすい状態を作ることができるからです。

もし、ECサイトのオープン前に商品登録だけでも可能なら、早めに商品登録を行い、できるだけ多くの商品ページやカテゴリーページのURLを公開しておきましょう。ページ数が多ければ、Googleのクローラーの頻度にも影響します。ただし、仮の状態だからと言って商品写真だけのような中身の薄いページになってしまうと、Googleから低品質なコンテンツと見なされる場合があり、SEOに不利な状況となるリスクがあります。事前に商品登録を実施する場合は、商品説明文などもしっかり書き込んでください。商品説明文の書き方に関しては5-8で詳しく解説しています。

🛒 オープン前からブログやSNSで集客する

ECサイトの準備に数か月かかるようなら、ECサイト内にブログを設置し、**ブログ記事を先に書いておく**ことをおすすめします。ブログの内容は、扱う商品やジャンルに関してのお役立ち記事がよいでしょう。有名人ではないので、中の人の日記的なブログでは見てくれる人も少なく、アクセスが集まりません。なお、ブログ記事による集客は第6章で詳しく解説します。

ブログと同様に、**SNSもECサイトオープン前からどんどん投稿しましょう**。フォロワーがいれば、貴重な見込み客になるからです。ただし、ECサイトのジャンルと関係のない投稿では、例えフォロワーが増えても売上にはつながりません。アパレルなら着こなし写真をInstagramで投稿する、地方のグルメであれば料理の写真をInstagramやFacebookに投稿するなど、EC事業と関係のあるSNS投稿でなくてはいけません。

4

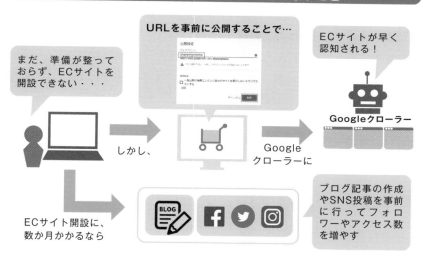

ECサイト開設前に行っておくほうがよいこと

URLを事前に公開することで…

ECサイトが早く認知される！

まだ、準備が整っておらず、ECサイトを開設できない・・・

しかし、

Google
クローラーに

Googleクローラー

ECサイト開設に、数か月かかるなら

BLOG

ブログ記事の作成やSNS投稿を事前に行ってフォロワーやアクセス数を増やす

🖊 OnePoint

ECサイト開設の準備が整っていなくても、ECサイトのURLを公開するなど、事前にできることを行っておきましょう。

4-6 | 商品登録業務のポイント

商品登録は非常に重要です。ECサイトへの集客と、購入率の両方に影響するため、商品登録業務は、マーケティング業務に直結する作業です。一点一点考えて商品登録することも大切ですが、登録ルールや作業を整備すれば、商品数が多いECサイト事業者でも、比較的楽に魅力的な商品ページを作れます。

ECカートシステムで提供されている入力項目はすべて入力する

まず、ECカートシステムが提供する商品登録画面では、すべての項目を入力するようにします。すべてが必須項目というわけではありませんが、情報が多ければ、それだけユーザーにとって気になる文言やキーワードが含まれる可能性が高くなり、購入率も高まるからです。またGoogleも多くの情報があるほうが商品を認識、判別しやすいのです。

写真も最低でも10枚以上登録することです。ECサイトは実店舗と違い、商品を手に取って確認できないので、写真の数が決め手となります。例えば商品が財布なら、財布の表・裏、開けたときの様子、服と合わせたコーディネートなど、様々な観点の写真を登録するようにしましょう。

写真は色合いや彩度などを加工して使います。**写真加工の際に気をつけて欲しいのが統一感**です。例えば商品ごとにバラバラな写真加工だと統一感がなく、ECサイトが貧相に見える原因になります。

商品名はわかりやすく

商品名は、商品を把握できるようなものにしましょう。**例えばテレビ台を販売する家具のECサイトであれば、単に「テレビ台」とするより、「130センチテレビ台」と表記するほうが、よりわかりやすい**と言えます。また、売手の目線で「T-005」など独自の型番を商品名にしてしまうと、ユーザーは商品を把握しづらくなります。

商品説明欄は、検索エンジンで検索されそうなキーワードを考えて設置し

ます。自分で考えるのもよいのですが、5-5で解説しているようなサジェストキーワードを使えば、商品名と一緒に検索されるキーワードを把握することができます。そうすることで、検索エンジンで商品ページが検索されやすい状態を作ることができるのです。

ECサイトの商品写真登録は細かく行う

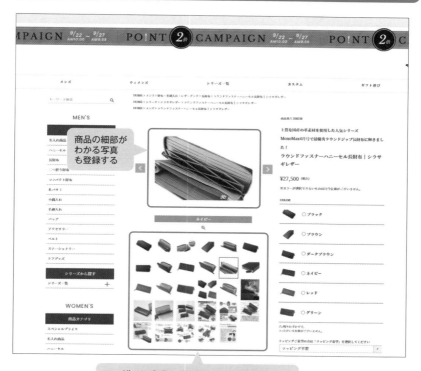

ユーザーに商品の詳細を知ってもらうために、
商品写真は複数枚登録する

キプリス公式オンラインショップ
https://www.cypris-online.jp/c/mens/leathergoods/longwallet/108238

🖌 OnePoint

ECサイトでは、商品名や商品写真、そしてサジェストキーワードを使うなど商品説明を工夫することで、購入率に強く影響するようになります。

4-7 ┃ ECサイト担当者なら 知っておくべきツール

ECサイト担当者なら導入する必要のあるツールが存在します。中でもGoogle
アナリティクスとGoogleサーチコンソールは無料で導入でき、ECサイト運営
に欠かせません。導入はカンタンで、GoogleのIDで登録し、ツールで発行し
たタグをECサイトに埋め込むだけで、特別な知識や技術は不要です。

🛒 Googleアナリティクス

**Googleアナリティクスは ECサイトだけでなく、WEBサイトやブログ
など、インターネット上でサイトのアクセス分析を行うことができる最も代
表的なツール**です。Googleから無料で提供されており、ECサイトにも利用
すべき機能が多数あります。5-2で詳しく解説します。

🛒 Googleサーチコンソール

GoogleからWEBサイトがどのように見えているのか？　という点を確
認できるツールです。具体的は、**Googleで検索されるキーワードを把握で
きます。また、GoogleがWEBサイトを認識しづらい点があれば、エラー
としてサイト担当者に通知が届く**ので、そういった点を改善して、検索され
やすいサイトを作ることができるのです。こちらも無料で提供されていま
す。5-3で詳しく解説します。

🛒 キーワードプランナー（Google広告の一機能）

キーワードプランナーとは、Google広告の管理画面から使える機能の1
つで、**世の中で検索数が多いキーワードを発見する**ことができます。リス
ティング広告やSEO対策をする際に利用すべきツールです。無料のツール
ですが、100円でもよいのでGoogleに毎月広告を打たないと使うことが
できません。5-4で詳しく解説します。

🛒 ラッコキーワード

　WEB上で公開されている無料のツールです。**Googleでキーワードを入力するときに、よく一緒に検索されているサジェストキーワードが表示されます**が、そのサジェストキーワードが一覧で取得できるツールです。商品説明欄の記入や、商品のキーワード登録の際に重宝するツールです。5-5で詳しく解説します。

ECサイト担当者が導入すべき無料で使えるツールを一部紹介

Googleアナリティクス

ECサイトやWEBサイトなどへのアクセス数がわかる

Googleサーチコンソール

ユーザーがECサイトに遷移してきた際に、検索したキーワードがわかる

🖊OnePoint

GoogleアナリティクスやGoogleサーチコンソールなどは、無料で導入できるツールなので必ず導入し、アクセス分析やキーワード分析を行いましょう。

4-8 ベンチマークとすべき ECサイトを探す

自社のECサイト改善に終わりはありません。集客を伸ばしたり、購入率を向上させたり、リピーター獲得などやるべきことはたくさんあります。それらの施策の参考にするために「ベンチマーク」とするECサイトを見つけ、常にチェックしましょう。必ず自社ECサイトに活かせる点が見つけられるはずです。

競合ECサイトを意識する

ECサイトは日本中、世界中が商圏とはいえ、**キーワードの検索結果としてGoogleの1ページ目には10サイト（広告を除く）しか表示されません。競合ECサイトとの競争は、日々インターネット上で発生していると言えま**す。競合分析のために、主に以下の項目について競合ECサイトと自社ECサイトを比較しましょう。

・検索キーワードのSEO順位
・スマートフォンでの商品の見やすさ、探しやすさ
・商品ページの写真のクオリティ
・商品ページの説明文などのわかりやすさ
・商品ページのレビュー投稿数

これらの項目を見て、自社のECサイトが競合のECサイトに明らかに劣っている点があれば、改善すべきポイントとしましょう。

最も参考にすべきは大手ECサイト

しかし競合よりももっと参考にすべきサイトがあります。それは、**大手の有名なECサイト**です。

例えば、アパレルのECサイトならZOZOTOWNやユニクロのECサイトを参考にしましょう。これらのECサイトは業界でも一流のマーケティング

担当者が関わっており、日々 EC サイトのアクセスデータと、ユーザーへの
ヒアリングなどに基づき、最新のマーケティング手法を使って運営されてい
るからです。

　例えば、**ZOZOTOWN のスマホ EC サイトを見ると、新規ユーザーには
強めに会員登録を促すクーポンが使われていたり、ユニクロの商品ページで
は、サイズ感が非常にわかりやすく表記されていたりと、ユーザー体験の最
大化を図っています。** このようなベンチマークとするべき大手 EC サイトを
見つけて、自社の EC サイトの施策に取り入れましょう。

自社 EC サイトと競合 EC サイトとを比較する項目

検索キーワードの
SEO 順位

スマートフォンでの商品の
見やすさ、探しやすさ

商品ページの写真の
クオリティ

商品ページの説明文などの
わかりやすさ

商品ページのレビュー投稿数

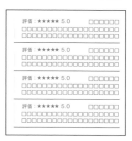

> 競合と比較し、明らかに劣っている点は、
> 自社の改善すべき点として改善に取り組もう

🖊 OnePoint

自社 EC サイトとは違うジャンルでもよいので、ベンチマークとすべき大手の EC サ
イトを探し、参考にできる施策を取り入れましょう。

4-9 | 販促イベントの年間スケジュールを作る

自社ECサイトを運営するにあたり、「販促イベント」は欠かせません。年末商戦、クリスマス商戦、母の日、父の日、七五三、あるいは季節のセールなど、商品を売るための販促イベントの機会はたくさんあります。それらの販促イベントを成功させるためには事前告知が必要です。

🛒 イベントの情報収集をし、年間の販促スケジュールを作る

まず、Google検索で「年間イベントカレンダー」と検索してみてください。年間イベントの一覧を紹介するサイトが多数出てきます。ECサイトで扱う商材にもよりますが、母の日、父の日などはギフト商品の需要が一気に高まりますので、そのような販促イベントを商機としてどうとらえていくかがECサイトの売上に大きく影響します。

事業内容によってはさらに「春・夏・秋・冬」などのセールの予定を加え、ECサイト販促イベントの年間スケジュールを完成させましょう。

🛒 販促イベント告知は1週間～10日くらい前から行う

販促イベントの告知は、予定日の1週間～10日くらい前から行います。事前の告知をせずにいきなりイベントを開始しても、集客はできません。

告知手段には下記があります。もし目玉商品が用意できるのなら、予約販売を受けつけてみるのも手です。

・メルマガ配信
・TOPページでの集客
・SNS投稿
・広告での告知

販促イベントの最大の目的は売上を向上させることですが、**販促イベント**
の力を使って、普段は買い物をしてくれない新規ユーザーの囲い込みにも力
を入れましょう。

　新規会員獲得のための代表的な施策は下記になります。

・**会員登録の特典クーポン発行**
・**会員限定割引の訴求**
・**目玉商品の会員限定訴求**

　施策をECサイトのトップページや、各ページで強く訴求して会員になる
ことのメリットを訴求していきます。

販促イベントを行う1週間〜10日前から告知しましょう。また、販促イベントと同
時に施策も打ち、新規ユーザーの囲い込みにも力を入れましょう。

4-10 ᠂ ECサイトの３年後の 目標を見据える

ECサイトの運営では、短期的な売上達成も重要ですが、同時に**中・長期的な施策の観点を持つことも重要**です。ざっくりでよいので、３年後にECサイトをどうしたいかを明確にしましょう。３年後の目標を数値に落とし込めれば、そこから３年間のECサイトのシミュレーションを作れます。

🛒 ３年後の目標を立てて、そこから毎年の目標を決める

最初から目標があってECサイトを立ち上げた場合は、その目標をもとに３年間のシミュレーション表を作ります。

目標がない場合も、ざっくりでよいのでEC事業の３年後の目標を考えてみましょう。例えば「年商3,000万円」という目標を決めたなら、下記のような年間目標を立てることができます。

１年目：年商1,200万円を達成する
２年目：年商2,000万円を達成する
３年目：年商3,000万円を達成する

この時点で「本当に実現可能か？」といった疑問を持つかもしれませんが、絶対に正しい目標設定の仕方などありません。ですから最初はざっくりとしていてかまいません。

１年目が年商1,200万円達成という目標ができたのなら、それをもとに毎月の目標を決めていきます。そうすることで、毎月どれくらいの売上が必要か、具体的なゴールを決めることができ、それを実現するための施策を実施していくことができるのです。目標がないと、今の状態がよいのか悪いのかも非常にあいまいになってきます。

毎月の売上目標から３つのKPIの目安がわかる

　毎月の売上目標が定まれば、何件売ればいいのか？　という感覚がわかってきます。

　1-5で解説したとおり、ECサイトにおける代表的なKPIは「訪問者数」「購入率（CVR）」「平均単価」です。３つのKPIからは以下の式が成り立ちます。

売上（目標）＝①訪問者数（KPI）×②購入率（KPI）×③平均単価（KPI）

　逆算することで、日別、週別、月別に必要な「訪問者数」「購入率」「平均単価」の目安を出すことができるのです。

目標を立てれば、具体的なKPIと改善施策が立てやすい

毎月の売上目標が100万円の場合

18,000セッション×1％（CVR）×5,000円（単価）＝ 90万円　　→　目標未達

施策実行

・集客に着手した場合
20,000セッション×1％（CVR）×5,000円（単価）＝ 100万円　　→　集客を増やし目標達成

・CVR改善に着手した場合
18,000セッション×1.2％（CVR）×5,000円（単価）＝ 108万円　　→　商品ページを改善して、目標達成

**訪問者数を増やすのか、購入率を高めるのか？
ここを考えるのがWEBマーケティング施策！**

✎ OnePoint

ざっくりでよいので、EC事業の３年後の目標を考えましょう。３年後の目標を決めることで、毎月の目標が立てやすくなります。

EC利用が進まない食品業界のEC市場とは？

　食品業界全体の市場規模は66兆円（2020年実績）と推定されており、巨大市場なのですが、その中で**EC化率はたった3.31%**しかなく、食品ECの利用率が非常に低いのが特徴です。

　EC化が進んでない理由は3つあります。1つ目は、生鮮食品などはユーザーが手に取って品物を選びたいため店舗需要が強いこと。2つ目は日本国内では全国いたるところにスーパーやコンビニがあり、店舗の利便性が高いこと。3つ目は、生鮮食品を配送するための物流拠点を整備するのに多大なコストがかかる点です。

　しかし、コロナ禍に伴い、2020年はECの利用率が高まりました。今後EC化率を高めるため、物流拠点の整備とともに新しいソリューションの誕生が待たれます。

食品業界のEC市場の推移

出典：経済産業省「令和2年度　産業経済研究委託事業（電子商取引に関する市場調査）報告書」

第 **5** 章

SEOで自社ECサイトに
集客する

5-1 | SEOの基本はユーザーが 望むコンテンツを作ること

SEO施策と言えば、「サイトにキーワードを詰め込む」といったことを連想する人がいるかもしれませんが、そのような手法が通用したのは10年以上前のことです。現在のSEO施策は、いかにユーザーが満足するコンテンツを提供できるか、という点に尽きます。

🛒 SEO施策とは日本ではGoogle対策のこと

まず、検索エンジンのシェアですが、**Googleの日本国内シェアは90%以上**あります。ちなみにYahoo!やiOSのSafariもGoogleの検索エンジンを利用しているので、SEOを実施するにおいてはGoogleだけを意識すれば十分です。

10年以上前のSEO施策では、下記のようなことが流行っていました。

・対策キーワードをページに詰め込む
・SEO業者に依頼して、リンクをたくさん自社サイトに貼ってもらう

しかし、GoogleもAIを利用して検索エンジンのアルゴリズムを進化させており、サイトの内容が理解できるようになってきました。そのため、Googleを機械的なものとしてとらえ、Googleのアルゴリズムをハッキングするような手法は、まったく通用しなくなってきています。**特にSEO順位を上げるために、SEO業者に依頼してリンク（バックリンク、被リンクとも呼ばれます）を貼る行為はペナルティを受けるリスク**があり、検索結果に表示されなくなる場合があるため、SEO業者への依頼は、あまり意味がなくなってきています。

また、SEO業者には悪質な業者が多く、効果がないのにリンクをすすめてきます。特に電話営業をしてくるSEO業者には注意が必要です。SEOが上がらず困っているEC事業者が、SEO業者に食い物にされていることもあります。

🛒 現在のSEO施策はユーザーの満足度を上げること

ECサイトにおけるSEO施策とは、商品説明そのものや、自社で作成するブログ記事が該当します。つまり自社商品やサービスそのものです。こういったことは外部に任せるよりも、商品に詳しい自社で内製したほうが、ユーザーが満足するコンテンツを提供できるため、成果が出やすいのです。

特にブログ記事制作は非常に労力がかかるため、ライターに依頼して記事制作をしている企業がほとんどですが、記事を読んでいるのは1セッションというデータではなく、1人の人間です。ブログ記事にアクセスする多くの人は、悩みや不安がありGoogleで検索しているのです。ブログ記事では、その人たちに役立つ記事を書くようにしましょう。宣伝ばかりのブログでは誰も検索してくれません。

現在のSEO施策は、検索しているユーザーに最高の結果を提供すること、つまりユーザーが満足するコンテンツを提供することに集中するだけでよいのです。SEOの最低限の作法は必要ですが、ユーザーの悩みや不安、知りたいことを意識して、コンテンツを作ることを心掛けましょう。具体的な方法については、次ページから順に解説していきます。

5

良質なコンテンツを作成することがSEO施策につながる

×やってはいけない例

・対策キーワードをページに詰め込む
・SEO業者に依頼してリンクをたくさん
　自社サイトに貼ってもらう

Googleからペナルティを
受ける可能性あり

○正しいSEOの考え方

・商品ページをユーザー目線で作る
・自社でブログでお役立ち記事を作る
・ユーザーの悩みに真摯に対応する

ユーザー満足度を
追求することが大切

🖌️OnePoint

GoogleのAIは進化しているので、キーワードをページに詰め込んだり、SEO業者にSEO施策を依頼するのは意味がなくなってきています。

5-2 | Googleアナリティクスを使って ECサイトのSEO状況を把握

SEO対策を実施する前に、自社ECサイトのSEOの状況を把握する必要があります。SEOの状況を把握するのは、難しいことではありません。Googleアナリティクスの機能を使えば、どのページから、どれくらい検索エンジン経由で流入してきているのかをカンタンに把握することができます。

🛒 Googleアナリティクスでの「ランディングページ」の見方

まずGoogleアナリティクスにログインしたら、PCの画面の左メニューから、「行動」を選択、次に「サイトコンテンツ」をクリックして「ランディングページ」をクリックしましょう。

>メニュー>行動>ランディングページ

そうすると右ページのような画面が出てきます。

ランディングページとは、ホームページの中で訪問者が最初にアクセスしたページのことです。例えば、ECサイトのショップ名を検索して、ECサイトのトップページにアクセスしたユーザーがいれば、トップページにランディングしたということになります。ユーザーがランディングした各ページについて特定期間で集計した結果を表示するのが、この「ランディングページ」の機能なのです。

しかし、このままでは、検索エンジン以外の流入も混ざっているので、「セカンダリディメンション」を使って、フィルタリングをします。「セカンダリディメンション」をクリックして、メニューから「集客」の「参照元/メディア」を選択してみてください。

>セカンダリディメンション>集客>参照元メディア

そうすると、参照元のメディア別にソートがかかります。このフィルタリ

ング機能を使えば、どのページがどれくらい検索エンジンから流入してきているのかをひと目で把握することができるのです。**「organic」からの流入が多ければ、検索エンジンからの流入が多い**ことになります。

Google アナリティクスのランディングページ

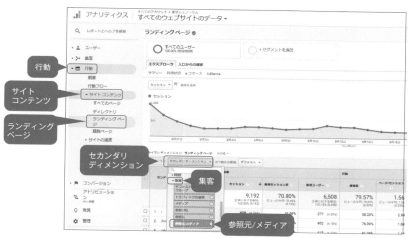

ランディングページ	参照元 / メディア	集客
		セッション
		4703
/	google / organic	686 (14.59%)
/campaign-a	newsletter / email	500 (10.63%)
/category-a/shyohin-23	google / organic	139 (2.96%)

organicはSEOによる流入を表します

OnePoint

Googleアナリティクスには様々な機能がありますが、「ランディングページ」は必ず活用してほしい機能の1つです。

5-3 │ Google サーチコンソールで 流入キーワードを把握する

ECサイトにどんなキーワードで流入しているのかを把握することは、SEO施策をやる上で絶対に必要なことです。しかし、Googleアナリティクスではほとんど把握することができないため、Googleサーチコンソールを使って、自社サイトへの流入キーワードをチェックしましょう。

🛒 Google サーチコンソールの使い方

Google サーチコンソールにログインしてみましょう。右図のように「検索パフォーマンス」の「レポートを開く」をクリックしてみてください。

＞検索パフォーマンス画面の「レポートを開く」をクリック

画面が表示されたら「平均CTR」と「平均掲載順位」の2つをクリックしてみてください。画面を下にスクロールすると、自社サイトにGoogleの検索窓から検索流入する「キーワード」を把握することができます。なお、Googleサーチコンソールではキーワードを「上位のクエリ」と表記していますが、キーワードは「検索クエリ」と言われることもあります。覚えておきましょう。

🛒 Google サーチコンソールで流入キーワードを把握

もし、上位に出てくるキーワードがECサイトのショップ名ばかりの状況であれば、SEOが強いとは言えません。つまり、ECサイトのことを知っている人しかECサイトに訪問しておらず、SEOが弱い状況であることを示しているからです。

一方、自分では認知していなかった商品名に関するキーワードがあった場合は要注目です。

キーワードの例

上位のクエリ	クリック数	検索順位
USB扇風機　充電しながら	69	11

　このように、**商品名やカテゴリー名に関するキーワードで流入があり、かつ検索順位が10〜20位であればチャンス**です。現在はSEO順位が11位程度ですが、商品ページの説明文や写真をてこ入れすることで、SEO順位で1ページ目に表示できるチャンスがあるからです。Googleサーチコンソールを使えば、このようにキーワードを把握することがカンタンになります。

Googleサーチコンソールで流入キーワードを把握する

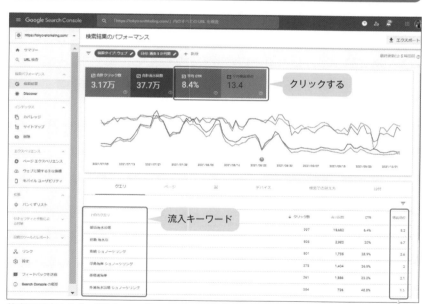

筆者の所有するブログのGoogleサーチコンソールの画面
https://search.google.com/search-console/about?hl=ja

検索順位（SEO順位）

🖋OnePoint

Googleサーチコンソールを見れば、自社のECサイトがどんな流入キーワードが多いのかを完全に把握することができます。

5-4 | SEO 対策する キーワードを探す

SEO 対策をするには、どのキーワードで行うべきか？ 答えは、自社 EC サイトと関連性が高く、検索数の多いキーワードです。そのキーワードを探すためにはツールを使用します。それが Google キーワードプランナーです。

🛒 Google キーワードプランナーは無料ツール

Google キーワードプランナーは、Google 広告の 1 機能です。無料のツールではありますが、使用してキーワードの検索数を把握するためには、月に 100 円でもよいので Google 広告を出稿しなくてはなりません。SEO 対策においては必要なツールですから、**Google 広告をなるべく使うようにしてください**。もし、Google 広告は使わないという方は似たような無料ツールとして「Ubersuggest」と「aramakijake.jp」というツールがあります。それぞれ機能に制限はありますが、代用可能です。

🛒 Google キーワードプランナーの使い方

Google キーワードプランナーの使い方は、Google 広告にログイン後、キーワードプランナーを選択します。右図のような入力画面が表示されるので、そこにキーワードを入力します。すると、**入力したキーワードの月間平均検索数が表示されるとともに、関連キーワードの月間平均検索数も併せて表示**されます。

関連キーワードは CSV 形式や Google ドライブでの保存ができるので、自社の SEO 対策キーワードリストを作成しましょう。そのリストの中から、自社の商品の購入に結びつきそうなものや、商品名を入力して月間平均検索数の多いキーワードをチェックして、それらのキーワードに対して SEO 対策を行います。

＊5 **スモールキーワード**：検索回数が少ないキーワードのこと。2 語以上の複合キーワードも含まれる。逆に検索回数が多いキーワードは「ビッグキーワード」と呼ばれる。

月間平均検索数の基準は、100～1,000程度なので、まずはスモール
キーワード[*5]を対策していきます。10,000を超えるようなキーワードは、
大手ECサイトが対策しており、難易度は高くなります。まずは、単一キー
ワードではなく、2語以上の複合キーワードを狙って対策しましょう。

Googleキーワードプランナーで月間平均検索数を確認する

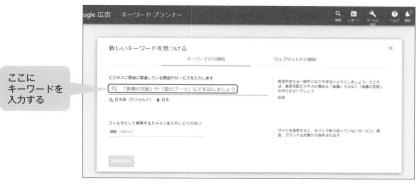

ここに
キーワードを
入力する

https://ads.google.com/

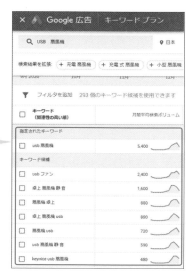

月間平均検索数が表示される
併せて、関連キーワードも表示される

🖊 OnePoint

Googleキーワードプランナーを利用して、SEO対策キーワードを見つけましょ
う。はじめは月間平均検索数が100～1,000程度のものを狙いましょう。

5-5 サジェストキーワードを SEO 対策に使う

商品ページの SEO 対策を行う際に利用するのが、サジェストキーワードです。サジェストキーワードとは、キーワードを検索窓に入力すると表示される候補キーワードのことです。サジェストキーワードを把握するためには、専用の無料ツールを使います。

🛒 サジェストキーワードとは？

サジェストキーワードとは、例えば「ポロシャツメンズ」と検索したときに表示される下記のようなキーワードが該当します。

「ポロシャツメンズ　ブランド」
「ポロシャツメンズ　ビジネス」
「ポロシャツメンズ　ゴルフ」
「ポロシャツメンズ　長袖」

つまり、「ポロシャツメンズ」と一緒に多くの人が検索するキーワードのことをサジェストキーワードと言います。このサジェストキーワードは商品ページの SEO 対策にも利用します。

🛒 無料のツール「ラッコキーワード」

サジェストキーワードは、Google で検索して把握することもできますが、右図のように「ラッコキーワード」を使えば、一気にすべてのサジェストキーワードを把握することができます。このラッコキーワードは誰でも無料で利用することができます。ただし、ラッコキーワードは Google サーチコンソールのように月間平均検索数を把握することはできません。

ECサイトの商品のラインナップにポロシャツがあった場合は、ポロシャツのサジェストキーワードを抽出してみてください。そうすると、右図のように無数のキーワードが出てきます。そして、そのサジェストキーワードを

見れば、ユーザーがポロシャツに関してどんなことが気になっているのかを理解することができるようになります。

　ラッコキーワードを見ると、多くのキーワードの中に、下記のようなサジェストキーワードがありました。

「ポロシャツメンズ　速乾」
「ポロシャツメンズ　涼しい」
「ポロシャツメンズ　父の日」

　つまり、ユーザーの中には、「速乾」や「涼しい」という機能を気にしている人もいれば、「父の日」のプレゼントにポロシャツを考えている人もいるということです。ですから、商品説明もそのような文脈で作ると、よりニーズを満たしやすくなります。

「ラッコキーワード」でサジェストキーワードを一気に確認

ラッコキーワード
https://related-keywords.com/

「ポロシャツメンズ」と検索しただけで、一気にすべてのサジェストキーワードが出てくる

OnePoint

ラッコキーワードでサジェストキーワードを確認した後は、Googleサーチコンソールで、サジェストキーワードの月間平均検索数も確認しましょう。

5-6 メタタグを設置して SEO 対策を行う

SEOの第一歩は、Googleに自社のECサイトやブログを認識されることです。Googleはクローラーと呼ばれるロボットを使ってサイトを訪問し、情報を読み込みますが、その際サイトのmeta（メタ）タグと呼ばれる情報も読み込み、サイトの内容を理解しようとします。

🛒 SEOにおいて重要なメタタグ3種

SEOの実施というよりは、WEBサイトを作るときのお作法でもありますが、サイトのHTMLにメタタグを設置する必要があります。**メタタグは、検索エンジンのクローラーにサイトの情報を伝えるためのもの**です。

SEOに関係する主なメタタグは下記の3種です。

- meta title（タイトル）
- meta description（ディスクリプション）
- meta keyword（キーワード）

これらはそれぞれタイトル、ディスクリプション、キーワードと呼ばれています

🛒 タイトル、ディスクリプション、キーワード

タイトルとは、サイトやページのタイトルを意味します。**ここで設定したタイトルが検索結果に表示されますので、ユーザーの気を惹くタイトルを付けることが非常に重要**です。

実は昨今、Googleがタイトルを書き換えてしまうこともあり、確実に表示される保証はなくなっていますが、タイトルはSEOにおいて非常に重要ですので、付け方については5-7で解説します。

ディスクリプションは、タイトルと一緒に検索結果に表示される要素です。

ユーザーはタイトルとともに、検索結果に表示されるディスクリプションを見て、気になる検索結果をクリックします。そのためタイトルとともにユーザーの気を惹く要素を入れることが重要です。しかし、タイトルと同様に、Googleが必ず表示してくれるという保証はありません。

最後にキーワードについて説明します。キーワードは、SEOで狙っているものを1語だけ入れるのがお作法となっています。ただ、GoogleがSEOの要素にキーワードを含めないと表明したことから、今ではキーワードの設定はSEO上無意味なこととされ、入力しないケースもあります。しかし、**キーワードを設定しないと、後でSEOの管理が非常に難しくなるので、必ず1語だけ入力**しましょう。

ここで言う1語とは1キーワードのことであり、「メンズポロシャツ　ブランド」のような複合キーワードでも1語として扱います。複合キーワードの場合、空白は半角スペースで入力してください。

「タイトル」と「ディスクリプション」

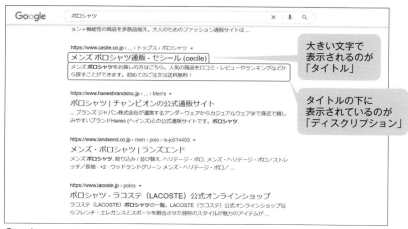

Google
https://www.google.com/

ユーザーはサイトの「タイトル」や「ディスクリプション」を見てクリックするか判断するので、メタタグの設定はSEOにおいて非常に重要な工程です。

5-7 | 商品ページの SEO ——タイトルの考え方

商品ページタイトルは、SEOにおいて非常に重要な要素です。EC担当者が覚えておくべきSEOのルールや手法がありますが、タイトルはSEOだけではなくECサイト内で買い物する商品を見つけやすくしたり、購入を促すという役割があります。SEOだけにこだわらず、ユーザーが選びやすくなるタイトルを付けましょう。

🛒 複合キーワードでSEO上位を狙う

　商品ページでSEO上位を狙うには、タイトルタグにSEOキーワードを含める必要があります。例えば狙っているSEOキーワードが「メンズポロシャツ　涼しい」というキーワードであれば、「メンズポロシャツ涼しい冷感タイプ」とするなどです。

　単一のキーワードでSEO上位を狙うのは、小規模事業者には非常に困難ですので、なるべく「ポロシャツ」などの単一キーワードではなく、「ポロシャツ　メンズ　30代」「ポロシャツ　メンズ　ポケット付き」など2 ～ 3語の**複合キーワード**を狙うようにしてください。

🛒 SEOキーワードを含め、タイトルは28文字以内で

　タイトルには文字数制限があります。**Google検索結果に表示されるタイトル文字数は、PCで全角28文字程度（スマホは全角32文字程度）**です。オーバーすると後ろのほうがカットされたり、Googleが書き換えてしまうことがあります。ですからタイトルは28文字を上限にしましょう。ただし、タイトルの文字数の上限はよく変わります。最新のSEO情報を確認するようにしてください。

　商品ページのタイトルを作る際は、以下の順でシンプルに考えるのがよいでしょう。

優先順位①商品名とSEOキーワードを入れる
優先順位②なるべく28文字以内にする

　SEOで狙っているキーワードと商品名や型番をタイトルに含めると、28文字をオーバーしがちです。さらに「期間限定」など、商品の訴求として入れたい文字があると、28文字以内にするのは非常に難しいでしょう。このことからも、**商品ページでのSEO上位を狙うのは非常に難しい**と言えます。
　しかし、タイトルはSEOのためだけにあるのではありません。まずは、**ECサイトを訪れた人に、商品を見つけやすくしてあげるほうが大切です。タイトルでのSEOについては、できる範囲内で最大化を狙っていきましょう。**

商品ページのタイトルの考え方

◇SEOを意識しすぎたキーワードを詰め込みすぎのタイトル
　メンズポロシャツ涼しい冷感タイプ！ポケット付きで30代に好評！

キーワードを詰め込みすぎてもSEOでまったく効果は見込めず、ECサイトに訪れた人は商品がわかりづらい

◇SEOは最低限にしたシンプルなタイトル例
　ポケット付きメンズポロシャツ半袖
　ポケット付きポロシャツメンズ半袖

シンプルでわかりやすくECサイトに訪れた人が商品を選びやすい

商品ページだけでSEO上位はそもそも困難。タイトルのSEO施策は最低限でよい

OnePoint

商品ページのタイトル作りは、慣れないうちは競合サイトで検索結果の上位の文言を参考にして考えてみましょう。

5-8 商品ページのSEO ——説明文の書き方

商品ページの説明文の内容は、Googleがそのコンテンツを検索結果の上位にする価値があるかどうかを判断する要素の1つです。決してありきたりの文言や、仕入れ先の資料の文章をそのまま入れてはいけません。ユーザーの立場になって、ユーザーニーズを満たす商品ページの説明文を用意しましょう。

🛒 オリジナルの文章を用意する

商品ページでSEOを行う際は、大前提として、オリジナルの文章を考える必要があります。**Googleは、すでに検索結果にあるものと同じような文章は、価値が低いとみなす傾向がある**ためです。

また、SEOを狙うなら、5-5で紹介したサジェストキーワードを商品説明文に含めましょう。しかし、ただ含めればよいわけではありません。サジェストキーワードはユーザーのニーズのヒントととらえ、ユーザーが気になっていることは何かに思いをめぐらせながら書いていくのです。

例えばラッコキーワードで「せんべい」と入力すると、「せんべい　カロリー」「せんべい　糖質」「せんべい　電子レンジ」などいろいろなサジェストキーワードが出てきます。これこそユーザーのニーズそのものです。

「カロリー」「糖質」からは、せんべい1枚当たり（またはグラム単位）のカロリーや成分表示が必要だと考えられますし、「電子レンジ」からは、せんべいを美味しく温める方法を説明文に加えるというアイデアが生まれます。このようにサジェストキーワードからユーザーのニーズを掘り下げて、それを中心に文章を書いていきましょう。

🛒 読ませる相手は検索エンジンではなく、あくまでユーザー

SEO施策と言っても、Google相手に文章を書くのではなく、コンテンツを読むユーザーを意識して書くのが基本です。説明文のライティングでは、

＊6 h2、h3：見出しのHTMLタグのことで、「hタグ」と呼ばれる。h1 ～ h6があり、数字が小さいほうが大きな文字となる。

112

以下の３つのポイントを押さえましょう。

①見出し（h2、h3 [※6]）を使う
②３行書いたら１行空けて続きを書く
③重要な部分は太字にする

これだけでも文章がずいぶん読みやすくなります。

文章量は、SEOを意識する場合は1,000文字程度を上限にしましょう。無意味にページを長くするのは、ユーザビリティが悪くなるので、文字数はそこそこにしておきましょう。

サジェストキーワードはユーザーのニーズを知るために使う

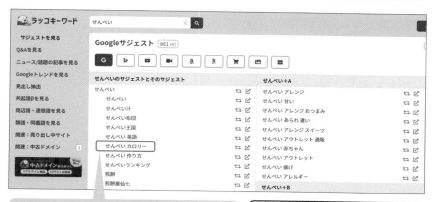

「せんべいカロリー」と検索するということは、せんべいのカロリーを気にする人がいるのか！ならば、カロリー表記を記載しよう！

サジェストキーワードから、ユーザーニーズのヒントを得られる！

ラッコキーワード
https://related-keywords.com/

OnePoint

商品ページの紹介文は、ユーザーニーズを満たすものにしましょう。その際にサジェストキーワードからヒントを得るようにしましょう。

5-9 カテゴリーページでも SEO 上位を狙う

SEO対策をECサイトで行う場合は、商品ページとカテゴリーページの両方を考えます。なぜなら、商品名をGoogleで検索すると、商品ページではなくカテゴリーページが表示されることも多いからです。カテゴリーページに登録されている商品ページのバリエーションが多いほど、SEOに有利と言えます。

カテゴリーページのSEO対策とは？

Googleの検索結果に商品ページが出るのかカテゴリーページが出るのかは予測できません。ECサイト担当者はどちらが上位になってもよい状態を目指しましょう。以下はカテゴリーページのSEO対策です。

①狙っているキーワードのカテゴリーを作る
②カテゴリーに多くの商品ページを登録する
③商品ページ、1つひとつにSEO施策を実施する

カテゴリーページの上部には売れ筋の商品を置く

商品ページと異なり、カテゴリーページでできることは、カテゴリーページのタイトルを「狙っているキーワードにする」程度です。あとは、カテゴリーに登録する商品ページを徹底的に作りこんでいくだけです。

ただし1つポイントがあります。**カテゴリーページの上部には売れ筋の商品を置く**ようにしましょう。なぜなら、ユーザーが気になる順に商品を並べることでユーザビリティが改善され、それにより引き起こされるユーザーの行動が、SEOに間接的によい結果をもたらすことがあるからです。

カテゴリーページのデザインはシングルカラム*7か2カラム以上かなど、ECカートシステムによって見せ方や設定が違いますが、あくまでユーザー

＊7 **カラム**：「列」「欄」「段組」を意味する。Webデザインにおいては、サイドバーがなくメインコンテンツだけが表示されるデザインを「シングルカラム（または1カラム）」と言う。サイドバー1つとメインコンテンツの2列構成のデザインは「2カラム」、サイドバーが2つだと「3カラム」となる。

にとって見やすいデザインテンプレートを選ぶべきです。

　例えばアパレルのように、写真が商品購入を決める大きな要因である場合は、写真が多く掲載できて商品を選びやすいカテゴリーテンプレートを選ぶべきですし、家電など機能面が重要で、それが表記されたタイトル（商品名）が重要な場合は、タイトルの文字が見やすいカテゴリーテンプレートを選ぶなどの考え方が重要です。

カテゴリーページの例

ユニクロ

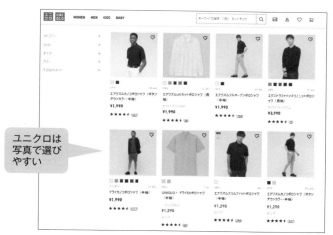

ユニクロは写真で選びやすい

ユニクロ公式オンラインストア
https://www.uniqlo.com/jp/

ヨドバシカメラ

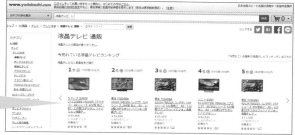

ヨドバシカメラは商品名もわかりやすい

ヨドバシ.com
https://www.yodobashi.com

OnePoint

商品ページのバリエーションやラインナップを揃えて、しっかり作りこみましょう。そうすることで、カテゴリーページの SEO 対策にもつながります。

5-10 小規模事業者の SEOでの戦い方

商品ページやカテゴリーページでSEO上位を目指すのは不可能ではありませんが、大手ECサイトのSEOは強力であるため、小規模事業者が勝つのは困難です。小規模事業者がSEOで戦うには、「競合のいない分野」を探したり、「ブログ記事」の作成を検討するとよいでしょう。

🛒 競合が少ない分野を探す

商品名やカテゴリー名で検索しても、SEOの上位は、**ほとんどAmazonや楽天市場、価格コムなどの大手事業者が独占**しています。ユーザーもそういった大手で買い物をしたがるために、小規模事業者がSEOで上位表示するのは非常に大変です。

小規模事業者は、この章で解説したGoogleキーワードプランナーやラッコキーワードを使ってキーワードリストを作成し、そのキーワードで検索して**大手が参入していない場所を見つけ、そこに商品を投下し、SEO対策するのが最も効果的**です。

ただ、実際に調査してみるとわかりますが、そういったキーワードはほぼないのが実情です。それでもわずかなチャンスを狙うのであれば、世の中に生まれたばかりのキーワードをいち早くSEO対策に取り入れることです。

例えば、コロナ禍においてはテレワークが普及しました。テレワークが普及するにつれて、今までなかったテレワーク用の商品などに新しい需要が生まれました。世に出たばかりの新しい言葉や考え方を軸にして、SEO対策を大手よりも早く実施することで、勝率が高くなります。

🛒 本格的にSEOで戦うならブログ記事

小規模事業者でも大手と対等にSEOで戦う方法があります。それはブログ記事です。右図をご覧ください。商品名で検索すると、大手ECサイトの商品ページやカテゴリーページとともに、ブログ記事も表示されます。つまり

ブログ記事のほうが検索ニーズを満たしやすいために、大手ECサイトの商品ページやカテゴリーページと並んでブログ記事の検索結果も表示されるのです。

　したがって、小規模事業者がSEO対策を行うならブログ記事を作成するのが一番です。ECカートシステムにブログ機能は最初から搭載されていますが、できればWordPressを使うべきです。なぜなら世界中の企業がWordPressを使って、SEOで高い実績をあげているからです。多くのECカートシステムにはWordPressとの連携機能があるので、オプション料金は発生しますが、WordPressでブログを作ることができます。

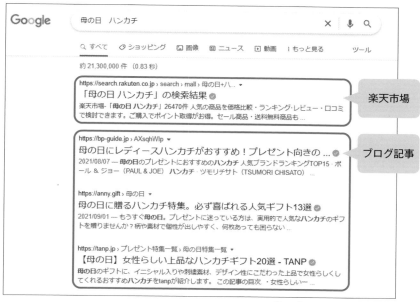

「母の日 ハンカチ」の検索結果

Google
https://www.google.com/

OnePoint

狙ったキーワードでカテゴリーページや商品ページをSEO上位にするのは難しいので、小規模事業者はブログ記事でのSEOを検討しましょう

意外とECの利用率が高い！
家具業界のEC市場とは？

　家具・雑貨業界のEC市場規模はアパレル業界、家電業界についで3位で、2兆1,322億円です。**2014年のEC化率は15％程度でしたが、2020年には26％を超えており、ここ数年で急激にEC化率が伸びています。**

　その要因はいくつかあります。1つ目は家具業界大手のアプリの普及が挙げられます。アプリを普及させることで、店舗とのポイントサービスの連携や、最新商品情報の配信、また購入履歴から再度購入するのが容易になるなど、アプリを通してのECの利用が広まりました。2つ目の要因は、家具はもともとカタログ販売が人気でしたが、インターネットの普及により紙のカタログからECの利用へと広がってきたこと。3つ目の要因は低価格でありながら、質の高い家具を販売するネット専門の家具事業者が出現してきたことなどが挙げられます。

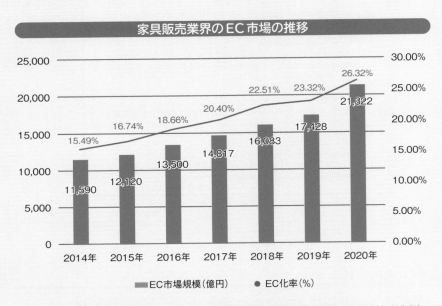

家具販売業界のEC市場の推移

出典：経済産業省「令和2年度　産業経済研究委託事業（電子商取引に関する市場調査）報告書」

第6章

ブログ記事でECサイトに
集客する

6-1 | 商品ページとブログ記事の役割分担

小規模事業者が大手ECサイトとSEOで戦うための手法の1つは、ブログ記事によってSEO上位を実現することです。そしてECサイトでの売上をあげるためには、ブログ記事は集客、商品ページはCVの獲得と、役割を分けるのが理想的な手段となります。

🛒 ブログ記事の役割は集客

商品ページでSEOを実施する場合は、商品名や商品ジャンル名から派生するキーワードでしかSEOを実施することができません。しかし、**ブログ記事であれば、商品名に関係のない、たとえばユーザーが抱えている悩みなどのキーワードに対してもSEOを実施することができます**。一例として、ECサイトで販売する商品がUSB扇風機の場合を考えてみましょう。

商品ページのSEOキーワード例
「USB扇風機　充電しながら」
「USB扇風機　レビュー」

USB扇風機に関係するキーワードでSEO上位を狙うことができますが、ブログ記事の場合は、上記に加えて次のようなキーワードも考えられます。

ブログ記事のSEOキーワード例
「オフィス　暑い」
「部屋　暑い　対策」

このように、商品名とは異なる「**お悩みキーワード**」で**SEO対策を実施することができます**。つまり、商品ページでのSEOは顕在ニーズ（USB扇風機が欲しいユーザー）に対してですが、ブログ記事では潜在ニーズ（暑さ対策など）に対して、幅広く集客することができるのです。そして、顕在ニーズ

は多くの企業が広告やSEO施策を施しているため、検索結果も多数で**レッドオーシャン**になりますが、潜在ニーズに対するSEO施策はそこまで進んでいないので比較的**ブルーオーシャン**であり、SEO対策が成功しやすい領域であると言えます。そういったことからも、小規模事業者はSEO対策としてブログ施策を実施して、集客を行うべきです。

しかし、ブログ施策を実施した場合は、商品ページに関しては積極的にSEO施策を行うのではなく、購入率を高めることに集中してください（購入率を高める施策については第8章参照）。つまり、**下図のようにブログ記事は集客を担当し、商品ページでは購入率向上の施策を実施するというふうに役割を分けて、ECサイトの売上を高めていくべき**なのです。

実はWEBマーケティングにおいては、SEOを最適化した場合、購入率が下がるケースが多く、その逆に購入率の向上を狙うと、SEO施策が弱くなるケースが多いのです。そのため、ブログ記事によるSEOに着手したのなら、商品ページは購入率向上に意識を集中させましょう。

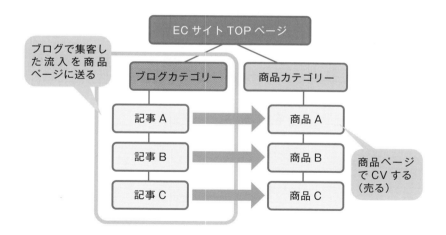

ブログ記事と商品ページの役割を分ける

ECサイトTOPページ

ブログで集客した流入を商品ページに送る

ブログカテゴリー　　商品カテゴリー

記事A → 商品A
記事B → 商品B
記事C → 商品C

商品ページでCVする（売る）

OnePoint

SEOは主に新規ユーザーに対して実施する施策。商品ページでは、SEOよりもリピーターのためにカテゴリーページから発見しやすい商品名にしましょう。

6

6-2 ブログ記事の キーワード選定方法

ブログ記事を書く前に、どんなキーワードでSEO上位を狙えばアクセス数が増えるのか、あるいは商品が売れるのか、という観点でキーワードを選定する必要があります。ブログ記事の役割は集客です。キーワード選定を事前に行わないと、アクセス数は上がりません。

自社ECサイトのメインキーワードを定義する

ブログでの集客は、主に潜在ニーズ（お悩みキーワード）に対してSEO対策を行うので、キーワードは幅広くなります。とは言えあまりに自社のEC事業とかけ離れたキーワードでは売上があがりにくいです。また、**現在のSEOは分野を絞るほうが「専門性」が高くなり、SEOも評価されやすくなります。**

例えばECサイトで枕などの寝具を販売している場合は、「睡眠」などがメインキーワードとなります。ですから、このメインキーワードを軸としてブログ記事を書いていきます。まず、5-4で紹介した**Googleキーワードプランナー**に「**睡眠**」と入力して、**キーワードリストを抽出**しましょう。そのキーワードをダウンロードしてリスト化し、SEO対策を実施していきます。

キーワードリストを絞る

キーワードリストには下記のようなキーワードも含まれてしまいますので、除外する必要があります。

- ・意味や内容が重複するキーワード
- ・月間平均検索数が100以下で少ないキーワード
- ・事業とは関係のないキーワード
- ・競合他社名などの商標が入ったキーワード

このようなキーワードは除外して、リストを作ります、そうすると、例えば除外する前は700以上のキーワードが出てきた場合も、**キーワードリストは50〜100程度に絞られることが多い**です。キーワードを絞ったら、優先順位を付けてブログ記事にしていきます。

最初はブログ記事を書くのも慣れていないでしょうから、**月間平均検索数が100〜1,000程度のキーワードからブログ記事にしていきます**。慣れてきたら5記事目あたりで月間平均検索数が1,000以上のキーワードにもチャレンジしてみましょう。

ブログ記事を書き進めると、キーワードが足りなくなってきます。そのときは、他のメインキーワードを調査して、リストを出力したり（例メインキーワード「睡眠」のリストが終わったので、メインキーワード「不眠」でリスト出力）、あるいは優先順位の低い、月間平均検索数が100以下のキーワードに対してブログ記事の執筆に着手してみてください。また、ブログ記事を書き始めると、リストにはない新しいキーワードを思いつくこともあるので、月間平均検索数を調査し、キーワードリストに加えるのもよいでしょう。

6

キーワードプランナーでキーワードリストを出力する

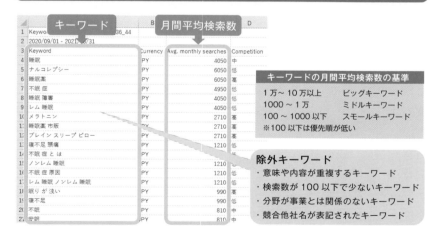

OnePoint

ブログにおいては「睡眠」などの事業と関連の深いメインキーワードを決めましょう。メインキーワードは3つ程度考えるとキーワードも広がります。

6-3 ブログ記事の作り方

初心者がいきなりブログを書こうとしても、何から書いたらよいのかわからないということがほとんどです。またブログというと、芸能人のブログがイメージされ、日記的なものを思い浮かべる方が多いかもしれませんが、SEOにおけるブログとは「お役立ち記事」が基本となります。

🛒 ブログの基本は３部構成

右図はブログの構成を図にしたものです。ブログは大きく３つのパーツに分かれており、それぞれのパーツには役割があります。その役割を意識することで、SEOに間接的に効果があったり、売上にもつながったりするので、各パーツの役目をしっかり覚えておきましょう。

①書き出し文

ブログの書き出し文は、Googleの検索結果をクリックしたユーザーが、一番最初に接触するパーツです。そのためこのパーツでは、ユーザーに違和感（ユーザーの知りたいことではない）を持たせず、ユーザーが求めている答えを提示することが大切です。するとユーザーは、「お、このブログ記事には私の求めているものがありそうだ！」と思ってくれます。そのため書き出し文では、ユーザーが求めている結論を提示することが重要です。詳しい書き方については6-4で解説します。

②本文

ブログ記事の本文はいきなり書こうとしても、初心者には大変です。本文を書くときは構成を決めてから書きましょう。構成を決めるためには、ラッコキーワードの「サジェストキーワード」が非常に役に立ちます。出力されたキーワードをもとに構成を作り、サジェストキーワードを見出しとします。サジェストキーワード（見出し）に沿って本文を書くことで、悩まずにブログ記事を書くことができます。本文の書き方について詳しくは6-5で解説します。

③まとめ

本文が書ければ、ブログのまとめ部分を書くのは難しくはありません。本文で主張したことを箇条書きにするだけでよいでしょう。

ただし、まとめには重要な役割があります。それはユーザーを商品ページに誘導することです。**最後まで文章を読むユーザーこそ、最も購入率が高いユーザーですので、必ず商品ページに誘導しましょう。**まとめの書き方は6-7で紹介します。

タイトルやメタタグ

ブログ記事は文章だけで完成するものではありません。タイトルやメタタグの設定もしっかり行う必要があります。特にタイトルの設定は、SEOにおいて本文と同じくらい重要度が高いので、ユーザーが思わずクリックしたくなる期待感の高いタイトルであったり、ブログの内容をうかがい知ることができるタイトルにすることを意識しましょう。タイトルやメタタグについては6-8で解説しています。

ブログ記事は3部構成

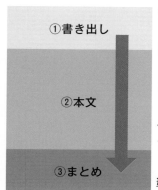

書き出し文の役割とは

「このブログは、私の探してる内容だ！」

と思わせること。

そのために書き出し文に
ブログ記事の結論を入れる

結論が明確だから、最後まで読まれる記事になる

OnePoint

ブログのそれぞれのパーツの意味を知ることで、どのようにブログを書くべきかがより具体的になります。特に書き出し文は非常に大切です。

6-4 | ブログ記事の書き出し文の書き方

ブログ記事の書き出し文の役割は、Googleから検索してきたユーザーに対して「この記事は私の探していたものだ！」と思わせることです。そのため書き出し文に求められるのはユーザーに違和感を抱かせないこと、結論を提示すること、結論の根拠を明示することです。

書き出し文はテンプレートを使う

書き出し文は、ユーザーと最初に接触する箇所で非常に重要です。書き出し文を書かなかったり、あるいは前置きばかりで長文にしてはいけません。**書き出し文の目安は200～500文字程度**です。書き出し文にはテンプレート（右図）があり、テンプレートに沿って書くだけでユーザーの興味を惹く文章を書くことができます。

書き出し文を構成する3つのパート

書き出し文は以下の3つのパートから成り立っています。

①ユーザーの気持ちを共有
②ユーザーに結論を提示
③結論に対する根拠を提示

この3つに当てはめるだけで、魅力的な文章となります。
①はユーザーと最初に接する部分ですから、違和感を抱かせないように書きます。**SEOキーワードを必ず含めて**、ユーザーの不安や悩みに共感してあげるのです。
②は、ユーザーに対してブログの結論を提示します。最初に結論がわかることで、ユーザーは「このブログには私の求めている答えがある！」と思い、最後まで読んでくれやすくなります。

③では、結論の根拠を提示します。インターネットメディアは残念ながら世間から「ウソが多い」「フェイクニュースだ」と認識されることが多いため、**WEBライティングでは根拠を常に書くことが基本**となります。

書き出し文は、ブログ記事の冒頭部ではありますが、**本文やまとめを書き終わった後に書くほうが書きやすく、いいものが書けるでしょう。**なぜなら本文から「結論」や「根拠」を抽出してまとめやすいからです。最初に本文やまとめを書いてから書き出し文を書いてみてはいかがでしょうか?

①～③まで書けたら、できれば、②の結論の部分を太字にしたり、文字色をオレンジにするなど、目立つようにしましょう。目立たせないと、スマートフォンでブログを読んでいるユーザーが、せっかく書いてある結論に気がつかないこともあるからです。また③の根拠にはアンダーラインを使うと、結論と根拠の関係が非常に見やすくなり、書き出し文の効果が高まります。

書き出し文のテンプレート

◆キーワードが「ポロシャツ　ブランド　メンズ」の場合の書き出し文

①ユーザーの気持ちを共有	メンズのポロシャツのブランドはどのブランドがよいのでしょうか?
②結論	ポロシャツには定番のラルフローレンやラコステから、最近では、ダウンジャケットで有名なモンクレールまで様々なおしゃれブランドがありますが、本日おすすめする年代別のブランド 10 選から購入すれば、オシャレな着こなしができます。
③結論に対する根拠	なぜなら、本日紹介するブランドは、東京のセレクトショップスタッフ 30 名へのアンケート結果による、プロおすすめのブランドだからです。

 **OnePoint**

世の中の多くのブログ記事は、結論がなかなかわからない記事が多いですが、結論がすぐにわからないと、記事から離脱される原因となります。

6-5 | ブログ記事の本文の構成の作り方

ブログ記事の多くは3,000～5,000文字程度で書かれます。これは400字詰め原稿用紙にすると7～12枚以上の量ですから、大変に思われるかもしれません。しかし、最初に構成を考えて、見出しを中心に文章を書いていくと、そこまで難しいことではないのです。

ツールを使って本文の構成を考える

ブログの構成は、ツールを使って考えることもできます。5-5で紹介したラッコキーワードを使います。ラッコキーワードに狙っているSEOキーワードを入力すると、右図のようにサジェストキーワードの一覧が出てきます。このサジェストキーワードの一覧から、ブログ記事に使えそうなキーワードをピックアップして、構成を考えながら順番を整理します。

しかし、**ラッコキーワードにSEOキーワードを入力しても、サジェストキーワードの一覧が出てこない場合があります。それは入力したキーワードの検索ボリュームが少ない場合**です。

その場合は、ユーザーが知りたいことを想像しながら構成を考えるべきですが、もし、ブログに慣れておらず、何を書いていいのかまったくわからないという場合は、似ている言葉で検索ボリュームが多いキーワードをラッコキーワードに入力して、そこで出てくるサジェストキーワードの一覧を参考にすると、ユーザーが気にするキーワードを見つけることができます。

例えば「USBホットプレート」という商品がありますが、あまり検索されないため、ラッコキーワードに入力してもサジェストキーワードは出てきません。しかし「ホットプレート」と入力するとサジェストキーワードがたくさん出てきます。例えば「レシピ」「選び方」「洗い方」「朝ごはん」など、無数のサジェストキーワードが出てくるので、それらを参考にして構成を考えることができます。

🛒 重要なキーワードから順に記事に入れていく

　構成の順番については、重要なキーワードから入れていくようにしましょう。WEB ライティングの基本ですが、ユーザーの多くがスマートフォンであるため、なるべく早く結論や重要ポイントを知ることができるよう、それらを上部にもってくることが大切です。それによりユーザーがブログ記事に関心を持ってくれますし、SEO にも間接的によい結果をもたらすのです。サジェストキーワードはユーザーが気にしているポイントであるため、ブログ記事に入れることで、興味を惹きやすいブログ記事になります。

　また、構成からそのまま見出し化する際に、その過程でサジェストキーワードを消さず、必ず見出しにサジェストキーワードを含める形にしてください。スマートフォンは読み飛ばしされやすいですが、ユーザーがスマートフォンの画面の動きを止めてブログ記事の内容を読むキッカケとなるのは見出しですので、見出しの文言は非常に重要となるのです。

サジェストキーワードから構成を作る

「ポロシャツ　ブランド　メンズ」とラッコキーワードに入力してみると…

本文の構成
- ●「ポロシャツ　ブランド　メンズ　20代」
- ●「ポロシャツ　ブランド　メンズ　30代」
- ●「ポロシャツ　ブランド　メンズ　40代」
- ●「ポロシャツ　ブランド　メンズ　50代」
- ●「ポロシャツ　ブランド　メンズ　高級」
ピックアップしたら構成の順番を整理する

https://related-keywords.com/

🖌 OnePoint

サジェストキーワードは、ユーザーが気になっているポイントであるため、ブログ記事の構成に上手く利用しましょう。

6-6 ブログ記事の構成から文章を作る

構成まで考えたら、ブログ記事を書くのはカンタンです。記事は見出しに沿って、その見出しの内容の主張、根拠、そして根拠を補強する事例や体験談、データなどを記入していくだけで書けるようになります。ブログユーザーは端的に答えを知りたい人が多いので、凝った言い回しなどは必要ありません。

🛒 構成（サジェストキーワード）を「見出し」にする

以下のような「構成（サジェストキーワード）」があったとしましょう。

・ポロシャツ ブランド メンズ 20代

これをブログの「見出し」にすると以下のような表現が考えられます。

・20代におすすめのメンズポロシャツブランド5選

このように、キーワードはそのまま見出しにするのではなく、**ブログのタイトルのように工夫**しましょう。そうしないと、ユーザーはなかなか記事に目を留めてくれません。

見出しからどのような文章を入れるべきかわかるはずです。しかし、文章をあまり書いたことがないという方は、下記のテンプレートのように文章を書いてみてください。

＜見出しごとのテンプレート＞
①主張
②根拠
③具体例　OR　体験談　OR　データ

このような順序で文章を書くことで、シンプルでわかりやすく、ユーザーを惹きつけるブログ記事にすることができます。特に③の具体例、体験談、データというのは、オリジナルのものを用意することで、SEOに強いブログ記事ができます。なぜなら、**Googleは独自性のあるコンテンツを非常に好むからです。**③でオリジナルの要素を用意することができれば、Googleにも独自の価値が認められて、SEOで有利に立つことができます。

インターネットはウソやコピーされた情報があふれている世界です。根拠や具体例を厚く書いていくとブログのオリジナリティが出てきます。自社商品があるなら、具体例の部分で自社の商品の写真を入れて書くことで、主張→根拠→具体例と非常に厚みのある文章となります。

また、SEOを意識したブログ記事では、冗長な表現や、筆者や身内にしかわからない内容、あるいは日記的な文章は極力避けてください。シンプルな言い回しのほうが、新規ユーザーにも内容を理解されやすくなります。本文を書き終えたら、読み返して不要な文章を削除することで、より読みやすい文章となります。

見出しを中心に文章を作る

見出し	**同僚に差をつける！30代におすすめのポロシャツブランド**
主張	アウトドアブランドで有名な○○のポロシャツはオフィスで着ると、スリムでビジネスユースにも丁度よく、30代に強くおすすめしたいブランドです。
根拠	○○は、女性にもおしゃれなブランドとして認知度が高く、アウトドアブランドでありながら、胸にワンポイントのブランドロゴはさりげなくもおしゃれな印象であり、オフィスにおいても、同僚からも思わず「おっ」と注目を浴びること間違いありません。
具体例	今シーズンは下記の3色が販売されており・・・・

🖋 OnePoint

本文は主張→根拠→具体例（体験談）という順番で作成しましょう。具体例にはオリジナルのものを用意できれば独自性が記事に出てきます。

6-7 | ブログ記事のまとめの書き方

ブログ記事のまとめには重要な役割があります。それは次のアクションにつなげることです。まとめはブログ記事の最後に設置されるものです。何か疑問があってGoogleで検索したわけですから、最後までブログ記事を読んでくれたユーザーほど、商品への興味が強いと言えるのです。

まとめは本文で主張したことを箇条書きにする

ブログ記事におけるまとめは、丁寧にたくさん書く必要はなく、本文で主張したことを、下記のように箇条書きする程度でも問題ありません。

<箇条書きの例>
本日は以下の点について解説しました
□メンズのポロシャツでオシャレなものは年代によって異なる
□オフィスとプライベートの両方で使えるブランドは○○
□彼氏や目上の方にギフトで喜ばれるブランドは○○○
□ポロシャツのたたみ方と収納の仕方

まとめから商品ページに誘導するときにバナーを貼ってはいけない

SEOにおいては本文こそが最も重要ですから、まとめの出来にこだわる必要はありません。ただ、**まとめには重要な役割があります。それはECサイトへの誘導**です。

ただし、まとめから商品ページに誘導するときに**やってはいけない方法があります。それは、バナーを作って貼ることです。**せっかくブログ記事を最後まで読んでくれたユーザーにバナーを見せても、気づかれない可能性が高いからです。

スマートフォンでニュースアプリの記事を見るときなどには多くのバナーが表示されますが、**ユーザーは記事に表示されるバナーに慣れてしまってい**

るため、**バナーを認識しません**。そのためバナーは無視されやすいのです。

　ですから、商品ページに誘導する際は、下図のように文脈に沿って自社商品を文章で宣伝する方法をとるべきです。バナーを設置する場合は、自社商品を文章で誘導するのと二段構えにするとよいでしょう。こうすることで、ブログ記事を読んで悩みを解決したいユーザーが、ECサイトの商品ページに訪れて商品を購入してくれる可能性が高まるのです。

　商品ページへの誘導は、本文中で行ってもかまいませんが、その際は必ず、商品ページに誘導しても違和感を覚えない文脈において宣伝すべきです。また、**本文でセールスが多いと、そもそもSEOで上位になりづらくなるので、**本文では1〜3か所、まとめでは1か所程度にとどめておきましょう。

まとめは最も購入率が高い場所！バナーは購入率が低い

まとめ

本日は年代別におすすめのメンズポロシャツを解説いたしました…

まとめ

本日は年代別におすすめのメンズポロシャツを解説いたしました…

もし、本日紹介したポロシャツを購入したいという方は、**弊社のネットショップですべて揃えてありますので、下記リンク先よりクリック**してみてください。

もし、本日紹介したポロシャツを購入したいという方は、弊社のネットショップですべて揃えてありますので、下記リンク先よりクリックしてみてください。

◯◯◯の公式ネットショップ

本日、おすすめした以外のポロシャツや、季節のカジュアルオフィスにふさわしい服を用意しておりますので、お気軽にご来店ください。

バナーは無視されやすい

🖌 OnePoint

ブログ記事のまとめには、ECサイトに誘導させるという役割があります。文脈に沿って自社商品の宣伝を自然に行うという点を意識しましょう。

6-8 ブログのタイトルや メタタグの設定方法

ブログ記事と商品ページにおいて、タイトルやメタタグの考え方やルールに大きな違いはありません。しかし、ブログ記事は読み物であるため、特にタイトルは思わずクリックしたくなるような表現にするなど、工夫する必要があります。

🛒 ブログ記事タイトルの5つのテクニック

ブログ記事のタイトル作成は、ブログ作成における最後の工程となります。なぜならブログ記事の内容の要約がブログタイトルとなりますので、記事を作り終わってからでないと、よいタイトルが付けられないからです。ここではブログ記事のタイトルの5つのテクニックを紹介します。

ブログ記事の5つのタイトル作成テクニック
①タイトルに数字を含める
②タイトルに誰にでもすぐできそうな文言を入れる
③「グッと」「スラスラ」「ドンドン」などの副詞を入れる
④SEOキーワードをカッコに入れて目立たせる
⑤「業界人」「プロが」「元○○の」などの専門家アピールを入れる

右図は具体例です。5つのテクニックは組み合わせてもいいですし、どれか1つだけでもかまいません。ただし、「5分で痩せる」や「芸能人が使う！」などの文言はユーザーの気を惹くかもしれませんが、根拠がなかったり、タイトルの内容がコンテンツに含まれていなければ、ユーザーはがっかりして二度とそのブログ記事を訪れなくなるので、**煽るようなタイトルにするのはやめましょう**。

ブログ記事を書くだけでも相当な労力がかかりますが、**タイトルは絶対に手を抜いてはいけません**。なぜならユーザーは検索結果のタイトルを見て、クリックするかしないかを判断するからです。クリック率の違いはやがて売

上にも影響が出ます。

　5つのテクニックを使って魅力的なタイトルができたら、最後に28文字以内に整えましょう。もし28文字を超えてしまう場合は、SEOキーワードだけは28文字以内に入れるように意識してください。また、SEOにおいてはキーワードの順番や、キーワードの左詰めなどは意識する必要はありません。注力すべきは、競合サイトよりも魅力的なSEOタイトルにすることです。

メタタグは必ず入力しよう

　SEOのためにブログ記事を書いている方の中には、「ディスクリプションやキーワード」のメタタグは上位表示に関わる要素ではないので入力しない方がいます。しかしGoogleはいろいろな情報からコンテンツのよし悪しを判断しているため、メタタグの有無も重要なポイントなのです。メタタグの設置方法は5-6で解説しているので、そちらのページを参考にして必ず入力しましょう。

6

ブログ記事のタイトルの例

キーワード「ポロシャツ　ブランド　メンズ」
①タイトルに数字を含める
　メンズポロシャツのブランド9選
②タイトルに誰にでもすぐできそうな文言を入れる
　5分でトレンドがわかる！メンズポロシャツのブランド9選
③「グッ」「スラスラ」「ドンドン」などの副詞を入れる
　印象がグッと変わる！メンズポロシャツのブランド9選
④SEOキーワードをカッコに入れて目立たせる
　印象がグッと変わる「メンズポロシャツ」のブランド9選
⑤「業界人」「プロが」「元○○の」などの専門家アピールを入れる
　元バイヤーが厳選！メンズポロシャツのブランド9選

PCでの文字数28文字

OnePoint

タイトル中にキーワードを左詰めにする技は競合の多くが実施しており、逆に目立たなくなります。キーワードは無理に左寄せにする必要はありません。

6-9 | ブログ記事を公開したら SNS で拡散する

見直しを重ねてブログ記事ができ上がったら、記事を公開します。メルマガ、SNS など多くの媒体で記事を告知して、多くの人に読まれるようにしてください。ただし、EC サイトの TOP ページでのブログ訴求は、商品購入を忘れてブログ記事を読む人がいるので控えめにしましょう。

🛒 ブログ記事を SNS やメルマガで告知する

ブログ記事で SEO 上位になるには非常に時間がかかります。**新規で SEO 施策を行う場合は、半年以上が目安となります。それだけ中・長期的施策と言えるのです。しかし、その期間を少しでも短くする方法として、積極的に記事を拡散していく手法があります。**

企業や個人の Facebook や Twitter アカウントを利用して、拡散していくのです。もしよい記事とよいタイトルができれば、記事がバズる可能性があります。筆者自身も過去に何気なく Twitter や Facebook でブログ記事を公開したところ、リツイートやいいねが広がりバズったことがあります。このようにバズが起きると、Google のクローラーがブログにたくさん訪れてくれるようになり、SEO 順位が上がりやすい状況となるのです。

このような拡散が起こるのは稀ですが、ブログ記事のコンテンツを SNS で公開し続けると、フォロワーが増えたり、共感してくれるユーザーが徐々に増えます。フォロワーが増えると SNS アカウントの影響力が高まるので、SNS での投稿は決して無駄ではありません。

🛒 ブログ記事は SNS 投稿のネタにもなる

SNS やメルマガは普段からネタに困ることが多いのですが、**ブログ記事を投稿することで、SNS 投稿のネタにもなります。**

ブログ記事は拡散されれば SEO 順位が上がりやすくなりますが、狙ってもバズなどなかなか起こりませんので、まずはユーザーの役に立つ記事を作

成することで十分です。そういった記事を積み重ねることで、フォロワーが増え、リピーターが記事を楽しみにしてくれたり、ユーザーとのつながりができるのです。筆者も昔所属した企業で、ブログ記事をSNSで公開し始めたら、フォロワーがそれまでより増えるようになった経験があります。やはり宣伝ばかりの投稿よりも、お役立ち情報のほうがフォロワーの増え方は多くなります。

　もし社員数が多い企業であれば、社内メルマガやチャットでブログ記事を紹介するのもよいでしょう。社員の中には自分のSNSで自発的にブログを宣伝してくれる社員もいるからです。

Twitterで拡散されている様子

多くのリツイート、いいねがあります

「北欧、暮らしの道具店」は自社ECサイト内でブログを投稿しており、ECサイト月間1,600万のアクセスがあります。
Twitterなどの SNS も行っており、Twitter は、4.5万ものフォロワーがいます。

北欧、暮らしの道具店 公式Twitterアカウント
https://twitter.com/hokuoh_kurashi

OnePoint

ブログとSNSは非常に相性のよい施策です。ブログ施策を実行するならSNS施策も併せて実行することで、ブログはSNSの投稿ネタにもなります。

6-10 ブログ記事でSEO施策 の効果が出るのは半年後

SEO施策は広告のような短期的施策ではなく中・長期的な施策です。成果は すぐには出ません。新規にブログを立ち上げた場合、Googleがブログ記事を 評価してSEO順位を10位以内にしてくれるのには半年くらいかかります。 そのため、ブログ施策は1日でも早く行うべきなのです。

効果測定ツールでSEO順位を計測する

　ブログ記事を公開したら、SEO順位の測定ツールで計測を始めましょう。 SEOの効果測定ツールとしては、右図の「GRC」が最も有名です。有料の ツールですが、無料版でも20キーワードの測定まではできるので、SEOを 実施している方は、まずは試してみてください。

　ブログ記事は、ある日突然順位が高くなる場合もあれば、徐々に上がって くるケースもあります。順位が上がってきたタイミングを把握するためにも SEO計測ツールは毎日チェックしましょう。

　もし、半年たってもSEO順位が10位以内に入らなくても、1年後に上 がってくるケースもあります。焦らずに待ち、特定の記事の順位にこだわる よりも他の記事を書き進めていくべきです。それでも順位が上がらない場合 は、記事のリライトを実施するなどしてコンテンツの見直しをしてみてくだ さい。SEO施策は狙ったすべてのキーワードで上手く行くわけではありませ んので、キーワード全体で考えていくべきです。

リライトを定期的に行う

　SEOで検索上位表示に成功した記事も、時間が経つとSEO順位が下がっ てきます。ですので、記事は放置せず、定期的にリライト（加筆・修正）して 順位の維持・向上を狙いましょう。

　どんなよい記事も時代とともに内容が陳腐化します。ですから、**半年また は1年に数回、既存記事のリライトをして内容の陳腐化を防ぎましょう。**

Googleも、リライトが行われると評価を見直して、順位を上げてくれやすくなります。日々SEO順位を計測することで、「そろそろリライトが必要かな？」とわかるようになってきます。

リライトのコツはいくつかあります。まずはGoogleでキーワードに関係する最新のニュース検索をしてみてください。キーワードに関係する最新のニュースが見つかったら、その記事の引用を記事に入れてみて、ニュースに関する自分の見解を書いてみましょう。また記事中に「2019年」「平成30年」といった年号が出てくる場合は古く感じさせる一因でもあるので、最新の年号に更新してみてください。

数年経ってリライトを10回以上すると文字数が多くなりすぎる問題が出てきますが、あまりに長いとユーザーが読みにくくなるので、大胆に削除するのも手です。文章を大幅に削除するのは怖いかもしれませんが、重要なのはGoogleではなく、ユーザー満足度です。

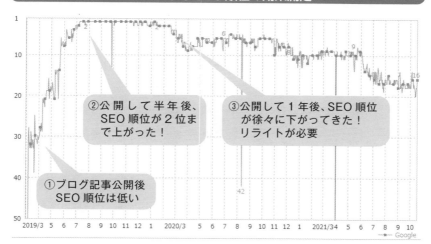

GRCによるSEO順位の効果測定

②公開して半年後、SEO順位が2位まで上がった！

③公開して1年後、SEO順位が徐々に下がってきた！リライトが必要

①ブログ記事公開後SEO順位は低い

✎ OnePoint

記事を公開して、半年～1年も経てば記事の内容が古くなってきます。定期的にリライトを実施して、記事の内容を新しくしましょう。

化粧品業界（医療品を含む）のEC市場とは？

　化粧品業界の2020年のEC市場規模は7,787億円であり、全産業の
EC市場規模と共に年々上昇しています。しかし、**EC化率は物販系分野全体
のBtoCのEC化率8.08%を下回る6.72%となっておりECの利用が進
んでいない業界の1つ**でもあります。

　その大きな要因は3つあります。1つ目の要因は、化粧品業界においては、
複数の販売チャネルがあり、特に高級化粧品は店頭で実際に試したり、接客
を受けたいという需要が強くECに向いていないこと。2つ目の要因はド
ラッグストアなどの利便性が高く、そもそもECサイトがあまり必要とされ
ていないこと。3つ目の要因は、薬事法により広告表現上の規制があるため、
他分野と比べてWEBマーケティングの実施が難しいなどの理由が挙げられ
ます。

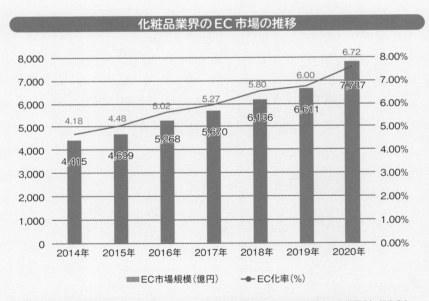

化粧品業界のEC市場の推移

出典：経済産業省「令和2年度　産業経済研究委託事業（電子商取引に関する市場調査）報告書」

第 7 章

SNSでECサイトに
集客する

7-1 ┃ EC事業者の SNS利用方法

SNS投稿というと「面白い投稿」や「バズる投稿」が思い浮かびます。しかし、そのような投稿ばかり意識すると、SNS担当者は疲弊します。バズったことがECサイトの売上に貢献する保証もありません。ECサイトのSNS投稿の基本は、お役立ち情報の投稿であるべきです。

🛒 SNS投稿の基本はお役立ち情報

　集客のためにフォロワーを増やそうと、面白いネタの投稿や、バズを意識する投稿をするのは止めておくべきです。もちろんSNSでの成功事例とされる有名企業アカウントには投稿がバズっているアカウントもあり、それらは多くの人々から支持されています。しかし、そういったアカウントは運営者のSNSスキルやキャラクター、あるいは時流によるもので、ECサイト担当者の参考になるものばかりではありません。

　ECサイトのSNSアカウントで目指すべきは、お役立ち情報のアカウントです。例えばアパレルのECサイト運営者ならば、着こなしやトレンドを写真や動画で紹介したり、健康食品のSNSアカウントならば、健康に関してのお役立ち情報を日々投稿するといったものです。**ユーザーの役に立つアカウントには自然とフォロワーが増えて、やがてECサイトの集客チャネルの1つとなります。**

🛒 宣伝ばかりのアカウントになってはいけない

　気をつけたいのが、宣伝ばかりするアカウントにならないことです。SNSのユーザーは、リラックスしながらスマートフォンで情報を漫然と見ているものです。そこに宣伝ばかりのSNSアカウントが出てきたら、フォローを外されたり、見られなくなりがちです。するとSNSのアルゴリズムの仕組みからアカウントの表示回数（露出回数）が減ってしまい、集客の目的が達成できなくなります。

ECサイト担当者は自社のターゲットユーザーについて深く考察し、どういう投稿が喜ばれるのかを真剣に考え、投稿しましょう。**ユーザーは過去の投稿を見てフォローするかしないかを判断するため**、過去の投稿の内容が非常に重要になってくるのです。

　もし、予算があるならSNSフォロワーを増やすためのSNS広告をしてみる価値もあります。投稿だけでフォロワーを増やすには時間がかかりますが、SNSの場合、数万円の予算があれば一気にフォロワーを増やすことができる場合もあります。

　フォロワーが増えると、SNS担当者のモチベーションも高まりますし、投稿をすると反応が返ってくるようになりますから、フォロワーを増やすというのは非常に重要なのです。ただし、広告で増やしたフォロワーの質は悪い傾向にあります。例えばネガティブな反応をするユーザーがいたり、フォローを外すユーザーも出てきます。しかし、それでもフォロワー数が多くなると、よりフォロワーが増えやすくなるので、SNS広告を前向きに検討してみてください。

SNSアカウントをフォローしてくれているユーザーの目線

**お役立ち情報をたくさん
投稿しているアカウントの場合**

これは役に立つ情報だ！
投稿をシェアしよう

**宣伝ばかりしている
アカウントの場合**

このアカウントは宣伝
ばかりで邪魔だな。フォ
ローをはずそう

🖌 OnePoint

SNSを使った集客で第一に行うべきは、フォロワーを増やし、SNSアカウントの影響力を強くすることです。

7-2 | SNS 投稿は写真の クオリティが重要

昔はブログのコメント欄や掲示板などでの文字によるコミュニケーションがSNSの主流でしたが、現在は写真や動画がSNSのメインコンテンツです。写真や動画のクオリティでフォロワーの増え方や売上に大きく差が出るので、カメラやスマホに投資して、投稿の質をグッと高めましょう。

カメラやスマートフォンに投資する

せっかくECサイトの宣伝用のSNSアカウントを開設したのに、**写真や動画のクオリティが低いと商品の魅力が伝わりづらく、フォロワーも増えづらくなります。**ですからデジタルカメラやスマートフォンは、よい画質のものを選びましょう。デジタルカメラは、カメラの知識があれば一眼レフにすべきでしょうが、カメラの知識がなければ、コンデジとよばれるコンパクトデジタルカメラで十分です。ちなみに筆者が使っているのは、Canonの10年近く前の古いコンデジですが、今でも十分綺麗な写真や動画が撮れます。

CanonやNikonの5～10万円程度の最新のコンデジであれば、SNSやECサイトで映える画質の写真が撮れます。また、スマートフォンでも最新のiPhoneであれば、プロのような画質の写真や動画をカンタンに撮ることができます。

SNS投稿はささげ業務の運営に組み込む

SNS投稿は非常に労力がかかります。ECサイト担当者はフロント業務からバックエンド業務まで仕事が多岐にわたるので、SNS投稿に時間がかけられません。できれば**ささげ業務の際に、商品登録用の写真と一緒にSNS用の写真や動画を用意**できると、一石二鳥です。

ECサイトの商品撮影に使う照明や撮影ボックスを用意してSNS用の商品写真を撮れば、印象がガラッと変わります。部屋の照明だと色味が変わってしまったりしますが、撮影ボックスと照明を使うことで、商品が魅力的に

見えます。また、デジカメで撮影する場合は、三脚があれば手振れを防止できます。

　SNS投稿は長く続けないとなかなかフォロワーも増えないので、通常業務の中にSNS投稿を組み込みながらも、いかに投稿の写真や動画のクオリティを高められるかが大切です。また、SNSの場合の商品投稿は、実際に使われているシチュエーションの写真のほうが臨場感がわきます。商品写真をそのまま使うのではなく、SNS用に写真を撮るようにしましょう。

　投稿については、自社だけでなく競合他社のSNSアカウントや、ベンチマークにしている大手ECサイトのSNSアカウントの日々の投稿の写真を参考にすると、必ず自社にも活かせる要素があるはずです。個人のアカウントで、そういったアカウントをフォローして、日ごろから情報収集を行いましょう。

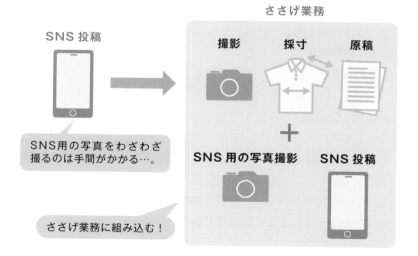

SNS投稿をささげ業務に組み込む

ささげ業務

SNS投稿

撮影　　採寸　　原稿

SNS用の写真をわざわざ撮るのは手間がかかる…。

＋

SNS用の写真撮影　**SNS投稿**

ささげ業務に組み込む！

OnePoint

SNS投稿を外注する際は、写真などのコンテンツの提供を行うだけでなく、商品のこだわりや開発秘話も提供しましょう。そうすることで、外注でもよい投稿が可能になります。

7-3 | SNSでは世界観を統一すること

SNSではむやみやたらに投稿しても、フォロワーや視聴者は増えません。まずはSNSで打ち出す世界観を統一しなくてはいけません。具体的には、投稿の写真、サムネイルなど、プロフィール欄を見たときの統一感です。これはフォロワーを増やすための大きな要素となります。

🛒 投稿内容やサムネイルの世界観を統一する

通常、ユーザーがSNSアカウントをフォローする流れは下記のようになります。

ユーザーにフォローされるまでの流れ
①投稿を見て興味を持つ
②プロフィールを見る
③過去の投稿を見る
④フォローする

このようにユーザーは投稿にざっと目を通してからフォローするかどうか決めることが多いので、過去の投稿の世界観やテイストがバラバラだとフォローされづらくなります。ですから、SNS投稿でフォロワーを増やしたいなら、投稿やサムネイルの写真のテイストを統一しておくべきなのです。

例えばアパレル事業者などで**複数の商品ブランドがある場合、SNSアカウントはブランドごとに別々に運用するべき**です。ブランドにはそれぞれ訴求したい世界観があります。ユーザーも自分の好みの世界観を持つアカウントをフォローします。したがって、世界観が異なる場合はアカウントを分けるほうが運営しやすくなります。

＊8 **エンゲージメント率**：1つの投稿に対して発生した反応（「いいね」やシェアなど）の割合。SNSの効果測定の指標。

🛒 エンゲージメント率を高めよう

　世界観を統一すると、ユーザーにフォローされやすいだけではなく、その世界観が好きなコアなファンを作りやすくなります。そして、コアなファンとコミュニケーションをとることで、エンゲージメント率[*8]が高まります。

　SNSのアルゴリズムはエンゲージメント率を重視しており、エンゲージメント率が高いアカウントは、アルゴリズムによる露出面で優遇されます。

　ですから、SNSのアカウントを作ったら、当初はユーザーとコミュニケーションを積極的にとり、エンゲージメント率も意識していきましょう。

世界観が統一されている例：中川政七商店のInstagramアカウント

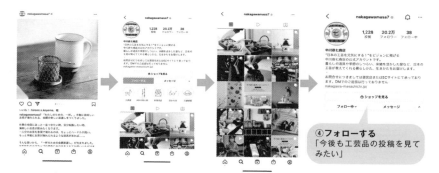

① 投稿を見て興味を持つ
「お、これはよさそうだ」

② プロフィールを見る
「工芸品について投稿しているアカウントなのか！」

③ 過去の投稿を見る
「これまでにもいろいろな工芸品の投稿をしているな！」

④ フォローする
「今後も工芸品の投稿を見てみたい」

中川政七商店　公式Instagramアカウント
https://www.instagram.com/nakagawamasa7

🖌 OnePoint

世界観を確立するには、まずは自分がフォロワーとして多くのECサイトのアカウントをフォローして体験することから始めてみましょう。

7-4 | どのSNSアカウント から始めるべきか?

ECサイト担当者の業務は非常に忙しく、小規模事業者の場合、すべてのSNS に力を注ぐのは困難です。まずはフォロワーを増やしやすいSNSや、自社商品と相性のよいSNSを中心に運用しながら、他のSNSもアカウントだけは作っておくことをおすすめします。

商品とSNSの相性を考える

　利用するSNSを選ぶときにはまず、**自社ターゲット層の利用率が高いものを検討すべき**です。例えばシニア向け商品なのに、若いユーザーが多いTikTokに力を入れても売上はあがりません。右ページの表で、自社の商品とユーザー層が重なる、相性のよいSNSを探してみましょう。

　その次に考えるのが、フォロワーを増やしやすいSNSか? という点です。ECサイトの集客のためにSNSを運用するのですから、最低でも1,000人以上のフォロワーを集められないと効果が得られません。

SNSの特性を見極めてどれに注力するか決めよう

　SNSの運営にはノウハウが必要で、カンタンではありません。しかし、Instagramはよい写真を用意することができれば、比較的フォロワーを集めやすいSNSと言えます。また、TikTokはフォロワーが少なくても露出しやすいSNSなので、投稿を工夫すればフォロワーを一気に増やすことができます。反対に、TwitterやFacebookでフォロワーを増やすのには労力が必要です。YouTubeチャンネルも同様に大変です。

　こういった特性を見極めて、**まずは注力するSNSを1つ決めましょう**。他のSNSもアカウントは作りますが、注力するSNSで使う投稿を転用する形で運用し、労力を最小限に抑えます。そうすることで、力をあまり入れなくてもユーザーとつながる受け皿を数多く作ることができます。

　ただし、YouTubeチャンネルは、アカウントを開設した後、投稿動画数が

148

非常に重要なので、力を入れないのであれば、YouTubeチャンネルだけは開設する必要はありません。

　例えばInstagramなら、FacebookやTwitterなどの他のSNSの投稿も自動的に連携を行うことが可能ですし、SNS連携ツールもあるので、SNSの運用負荷を下げたい場合、上手く利用してみましょう。また、SNS担当者が得意なSNSがある場合は、担当者のモチベーションも高まるので、そういったSNSも積極的に運用してみましょう。

各SNS媒体のメインユーザーの年代や特徴

	メインユーザー	特徴	ユーザーの利用目的
Twitter	20〜40代	・リアルタイム性がある ・拡散力が高い ・投稿文字数が140文字と制限がある	・最新情報やリアルタイムでの出来事の情報収集 ・トレンドネタの情報収集
Facebook	30〜50代	・ビジネス層の利用と信頼性が高い ・リアルな知り合いとのつながりが多い ・細かなプロフィール設定ができる	・有益な情報の閲覧
Instagram	20〜40代	・ストーリーが投稿できる ・ハッシュタグを複数付けられる ・インフルエンサーのフォローが盛んに行われている	・有名人・著名人などの投稿の閲覧 ・興味がある分野の情報収集
TikTok	10代	・他のSNSよりもバズりやすい ・簡単に動画を作成、投稿できる ・拡散力が高い	・人気になりたい ・面白い動画を見たい
YouTube	全世代 (特に40代が多い)	・全世代の利用率が高い ・基本的に無料かつ手軽に動画を閲覧できる ・幅広いジャンルのコンテンツがある	・暇つぶし ・有名人・著名人などの投稿の閲覧
LINE	全世代	・アクティブユーザーの数が多い ・全世代の利用率が高い ・連絡手段として使われることが多い	・連絡手段 ・ニュースの閲覧

参考：GROVE【2021年度版】SNSの年代別、利用数・利用率や目的を徹底比較！
https://grove.tokyo/media/g0113/

OnePoint

SNS連携ツールは運用負荷の役に立ちますが、それぞれのSNSでフォロワーを増やせる体制が整っているのであれば、連携はやめて個別に運用しましょう。

7-5 Instagramの利用方法

Instagramはよい素材（写真や動画）を使って、ハッシュタグをうまく活用すれば、フォロワーを増やしやすいSNSと言えます。InstagramはECサイトとの連携機能もあり、Instagramを強化するだけでもECサイトに多くの集客を実現できるチャネルとなります。

🛒 Instagramショッピング

Instagramには、**Instagramショッピングという機能**があります。ECサイトと連携すれば、右図のように**Instagramで投稿した写真の商品をユーザーがタップすることで、ECサイトの商品ページへのリンクを付けることができる機能**です。この連携機能を使うにはビジネスアカウントを取得し、Facebookページにリンクさせる必要があり、別途審査とFacebookページへの商品登録をする必要もありますが、EC事業者であれば絶対に使うべき機能です。この機能により、Instagramのフォロワーが多ければ、ECサイトで商品を販売するための1つのチャネルを確立することができるのです。

🛒 Instagramのフォロワーを増やすには

Instagramのフォロワーを増やすコツは3つあります。

1つ目はハッシュタグ（#）を上手く使うことです。ハッシュタグを付けて投稿することで、多くの人に投稿を見てもらうチャンスを得られます。アパレルECサイトを運営しているなら、右図のように多くのファッション好きが好きそうなハッシュタグを付けることで、自社のアカウントを見てもらうチャンスが高まります。人気のInstagramアカウントのハッシュタグを参考にして、自社アカウントでもハッシュタグを積極的に使いましょう。

2つ目は、投稿タイミングと投稿頻度です。Instagramは投稿すると、時間とともに投稿が埋もれていきます。そのためユーザーがInstagramを最も見ている時間を狙って投稿します。投稿時間は自社と同じジャンルで成功

しているInstagramアカウントを参考にしてみてください。

　3つめは「ストーリー」を上手く活用することです。ストーリーとは通常の投稿とは違い24時間で消えてしまう投稿ですが、**ライブ感が出せてフォロワーと身近に接することができる機能**です。また、ハイライト機能を使えばストーリーをプロフィールに固定することができ、24時間経過後も公開しておけます。プロフィールに固定すれば、興味があるユーザーがプロフィールを見てくれたときに、アカウントをより魅力的にアピールすることができます。

　また、Instagramのストーリーですが、リンクステッカーと呼ばれる機能を使いURLを1つ追加することができるので、商品動画を撮影し、そのまま商品ページに誘導することも可能で、ECサイト事業者では大変重宝する機能となります。

ZOZOTOWN 公式Instagram アカウント
https://www.instagram.com/zozotown/

OnePoint

Instagramでは、ハッシュタグの活用が重要です。キーワードを入れるとハッシュタグを自動で生成してくれる無料ツールもWEBには多数あります。

7-6 Twitter の利用方法

Twitterは Instagram ほどフォロワーを集めやすい SNS ではありませんが、テキスト主体の SNS であるために、ユーザーとコミュニケーションをとりやすいのが特徴です。また、キャンペーン告知や限定商品の告知にも向いています。

🛒 Twitter でフォロワーを増やす５つのコツ

①プロフィール欄で惹きつける

Twitterでフォロワーを増やすコツの１つ目は、アカウントのプロフィール説明欄の改善です。右図のように「あ、これは〇〇ジャンルの専門店だ！フォローしたい」と思わせる文言や世界観が必要です。「一生懸命がんばっています」「誠意をもって営業中」といった文言では、誰の心にも刺さりません。**Twitterアカウントをフォローするメリットをプロフィールで訴求してみましょう。**

②投稿のベストタイミングを見つけて投稿数を増やす

２つ目は、投稿数と投稿タイミングです。Twitterはまずは手数を増やさないとなかなかフォロワーが増えません。また、適切なタイミングで投稿する必要もあります。Instagramと同じですが、自分と同じ分野で成功しているTwitterアカウントを見つけて、投稿数やタイミングを参考にしましょう

③投稿には写真を使う

３つ目のコツは、投稿に写真を使うことです。Twitterはテキスト主体のSNSですが、やはり写真があるほうが何倍も目立ちます。ECサイトであれば自社商品の写真を投稿しましょう。

なお、**Twitterでは１つの投稿につき添付できる写真の数は４点までですが、１点か３点で行うべきです。４点だと情報量は多いのですが、１つひとつの写真が小さくなり、魅力的に見えません。**１点か３点の投稿であれば、１枚目の写真が大きめに表示されてユーザーの気を惹きやすいのです。

④よい反応は積極的にリツイートする

4つ目のコツはリツイートを使うことです。何か商品を投稿したときに、ポジティブなリプライや引用リツイートをしてくれるフォロワーがいたとします。その投稿を引用リツイートすることで、リツイートされたフォロワーはもちろん、他のフォロワーにもポジティブなコメントを広く広めることができます。

⑤フォロワーが多いアカウントに反応してみる

アカウントのフォロワー数が少ないうちは、フォロワーが多いアカウントに積極的にリプライをしたり、そのアカウントのツイートの引用リツイートをします。あなたの投稿内容がよければ、有名アカウントがあなたのツイートをリツイートしてくれるかもしれません。すると、有名アカウントの大勢のフォロワーの目にあなたのツイートが触れることになります。結果、あなたのアカウントをフォローしてくれる人が増えるキッカケを作ることができます。

Twitter アカウントのプロフィール例

プロフィールから何の専門店かわかるから興味がある人にフォローされやすい

商品を投稿してくれたフォロワーをリツイート！ファンと交流

cotta 公式 Twitter アカウント
https://twitter.com/cotta_corecle

🖊 OnePoint

Twitterはコミュニケーションがとりやすい分、炎上もしやすいSNSです。誹謗中傷はNG。間違いがあった場合はすぐアクションすることが必要となります。

7-7 〉Facebook の利用方法

Facebookはユーザーの年齢層が高めということから「おじさんSNS」と揶揄されることもありますが、購買力の高い30～50代のユーザーが多く、ECサイトにとっては魅力的なSNSと言えます。また写真や文字を多く投稿できるのも特徴です。

🛒 Facebook の利用方法

Facebookのアカウントには「個人用アカウントページ」の他に、企業やブランドなどのビジネス用途で使われる「Facebookページ」があります。**ECサイト運営の場合はFacebookページを作りましょう。**Facebookページは「購入するボタン」を設置できたり、興味あるユーザーとメッセンジャー機能でやりとりができたりします。

🛒 Facebook ページのフォロワーを増やす

Facebookページのフォロワーは、他のSNSと比べると増やしにくい面があります。そのため、**ECサイトや店舗からFacebookページに誘導したり、あるいは商品配送の際の梱包にFacebookアカウントのQRコードの宣伝チラシを入れるなど、リアルでの行動が起点になります。**店舗の常連やリピーターを中心にフォロワーを増やして、コアなファンを増やす場にしていくのが最良です。

Facebookのメリットは長文投稿ができる点です。Twitterでは全角140文字、半角280文字が限界で、センスがないと短文でユーザーの気を惹く文章は作れませんが、Facebookでは60,000字も投稿できるので、商品の詳しい解説やお役立ち情報の投稿など、ブログのような活用ができ、コアなファンに向けて、よい情報をしっかり発信できるメリットがあります。

また、**Facebookページがないと、Instagramのショッピング機能が使えない**ので、Instagramで商品を販売するならFacebookページが必要になります。

ヨドバシカメラ yodobashi.com
7月31日

【忙しい朝も支度している間にできあがり！】

「朝はバタバタしてて、朝ごはんなんてゆっくり食べているヒマなんてない！」と朝食を抜いてしまう方もいらっしゃるのではないでしょうか。

でも「朝ごはん」は1日を元気に過ごすための体だけでなく、「脳」にもスイッチが入り活性化します。
朝食を抜いてしまうと、当然のことながら午前中はお腹ペコペコの状態です。これでは仕事や勉強にも集中できず、チカラも入りません・・・。

では誰もが忙しい朝の時間。手軽に食べられる朝ごはんに適しているものはなんでしょうか？

実は「ゆでたまご」なんです！

人が摂取するべき栄養素のひとつ「タンパク質」。たまごに含まれるタンパク質は、他の食材に含まれるタンパク質よりも消化・吸収に優れていると言われていて、朝起き抜けの完全に目覚めていない消化器官にもとても優しい食材なのです。

でもゆでたまごが朝食に適していてもゆでたまごを作るには、小鍋に水とたまごを入れて火にかけたら出来上がるまで見ていないといけない――、そんな時間はないですよね。

そこで今回ご紹介するのが手のひらにのるほど小さな「レコルト」のエッグスチーマーです。
たった1個のゆで卵用なんですが、大さじ1杯程度の水しか使わず、お鍋で茹でるのと違ってエコでまったらかしでもOK。お鍋で作るのと同じくらいの時間、固ゆでの場合は約14分、半熟の場合は約12分でできあがるので、身支度している間に調理完了という流れに。

殻むきは？とお思いになったでしょうが、実は計量カップの中央にある「穴あけピン」で作る前にたまごのおしりに穴を開けておくことでキレイに皮がむけます。

できたてのホカホカなゆでたまごは味も格別。1個あたり約81kcalと低カロリーで、良質なタンパク質のため脂肪になりにくく、ダイエット中の方も安心して食べられます。

何かと慌ただしい朝、しっかり朝食を摂れないという方はレコルトのエッグスチーマーを使って、朝食にたまごを食べる習慣を身につけてみませんか？

レコルト エッグスチーマー各種
https://bit.ly/2Vg7ObX

21　　　　　　　　　　　　　　シェア3件

いいね！　　コメントする　　シェア

コメントする...
Enterキーで投稿します。

長文の投稿ができるため、「お役立ち情報」を発信しつつ、「商品紹介」も同時に行っています！

7

ヨドバシカメラ公式Facebookページ
https://www.facebook.com/yodobashi/

OnePoint

Facebookは、他のSNSと違い、写真や文字を多く投稿することができます。このメリットを活かし、コアなファンが喜ぶ濃い内容を意識しましょう。

7-8 | YouTube チャンネルの利用方法

> YouTube チャンネルの視聴者数を増やすのは、他の SNS に比べて手間もかかり、難易度が高いですが、成功すれば爆発的な集客が見込めます。YouTube 動画の企業活用が広がってきたのは最近のことであるため、チャンネル登録者数を増やすためのノウハウは、まだあまり知られていないようです。

🛒 YouTube チャンネルを作る前に知っておきたい4つのポイント

　YouTube チャンネルには、他の SNS にはない独自のノウハウがあります。チャンネル開設前に知っておきましょう。

①チャンネル開設後、最初に投稿する動画が大切

　1つ目は、チャンネル開設をした後の最初の動画は非常に重要だという点です。なぜなら、YouTube 側も最初の動画は YouTube 内の露出面で優遇してくれます。ですから**最初の動画には特に力を入れるべきで、単なる挨拶動画では非常にもったいない**のです。

② YouTube チャンネル開設初期に重要なのは「視聴者維持率」

　YouTube の運用初期で最も大切なのはチャンネル登録者数ではなく、「**視聴者維持率**」です。「視聴者維持率」とは、動画の再生中にその動画がどれくらい視聴されているかを測定したもので、動画再生の経過時間を横軸に、何パーセントの視聴者が視聴しているかが折れ線グラフで表されます。

　視聴者維持率が高まれば、そのデータに基づき、YouTube 側が露出を高めてくれます。

　店舗や EC サイトで「YouTube を始めました」などとやたらに告知しても、見に来た人がすぐに動画から離脱したら逆効果です。ですので、YouTube チャンネル開設初期は告知に重きを置くのではなく、チャンネル登録してくれたユーザーの満足度向上に集中すべきです。

③動画は数十本以上用意する

　3つ目のポイントは、動画配信をスタートする前に動画のストックを数十本は用意することです。YouTube初期はとにかく動画配信数が重要です。できれば毎日、最低でも週に2〜3本は動画投稿をすべきです。サムネイルも工夫し、統一感も出します。**YouTubeのAIは動画内容を把握するために動画概要欄も参考にしている**ので、手を抜かず徹底的に書いてください。

④チャンネル名を工夫する

　4つ目のポイントは、チャンネル名に企業名を付けるのは避けることです。なぜなら視聴者が興味を持ちづらいからです。例えばアパレルECサイトであれば、「〇〇ショップ公式アカウント」ではなく、「ファッション研究所」など、ジャンルが何かが一目でわかり、かつ情報収集のためにフォローしたくなる名前にしましょう。

YouTubeチャンネルの初動時によくある間違い

告知が悪い理由とは？

❶ 友人や他SNSで宣伝をいっぱいする

❷ 視聴者維持率 DOWN　本当のコアなファンではないから、視聴者維持率が下がる

❸ YouTube　視聴者維持率が下がると、YouTubeのアルゴリズムから悪い評価をされる

❹ 再生数もチャンネル登録者数も伸びない

✏ OnePoint

YouTubeチャンネル名は後で変更可能です。最初はフォローされやすいチャンネル名にして、登録者が増えたら変えることも可能です。

7-9 TikTok の利用方法

TikTokは、特に若いユーザーに使われていて、ショート動画で商品の魅力を伝えたりブランディングをしやすいSNSです。TikTokではお役立ち情報という要素よりも「リズミカル」で音楽に合わせたテンポのよい動画をどのように作るかが重要となります。

TikTok の特徴

TikTokには、ビジネスアカウントがあります。ビジネスアカウントでは分析ツールが利用できたり、広告が使えるようになります。

TikTokの魅力は、とにかく若年層へのリーチです。自社商品のターゲットが10〜20代であれば、ブランドの露出にはTikTokが最適です。さらに、TikTokのアルゴリズムはフォロワーの数にはよらないので、**始めたばかりのTikTokアカウントでも、面白い動画、何度も見たくなる動画を作れば、視聴回数を伸ばしやすい**という特徴があります。

また、YouTube動画と違い、アプリ上で動画をカンタンに編集できるために専門知識は不要です。面白い動画さえ撮れれば初心者でも再生数を増やせるという点でも、参入障壁が低いのです。

TikTok でフォロワーを増やすコツ

TikTokでは、レコメンドに多くの動画が流れてきます。そのためコンテンツを多く用意していないと、なかなかフォロワーが増えません。フォロワーを増やすには定期的に動画をアップしていく必要があります。

TikTokでフォロワーを増やすためには、次の要素が重要になります。

・投稿はリズミカルな動画にする
・毎日同じ時間に投稿する
・サムネイルを統一する

投稿する動画は何度も見たくなるようにリズミカルなものにし、フォロワーを意識して**毎日同じ時間に投稿**します。そして新規ユーザーがプロフィールを見たときに思わずフォローしたくなるように、ある程度の投稿数を確保しておくべきです。

　TikTokは何がウケるのか事前に予測が難しい面があり、コンテンツ作成は大変ですが、手軽に動画投稿できるSNSでもあるので、まずは投稿数を重ねてみましょう。

コカ・コーラのTikTokアカウント

①投稿を見る
「お、面白い動画があるな！」

②プロフィールを見る
「いろいろ動画を投稿しているし、キャンペーンもしているからフォローしておこう！」

③シェアする
「この動画面白い！キャンペーンやっているし、LINEで友達にシェアもしよう！」

コカ・コーラ公式TikTokアカウント
https://www.tiktok.com/@cocacola_japan

✏️**OnePoint**

EC事業者のSNS投稿の基本は「お役立ち情報」ですが、TikTokだけはリズミカルで面白い要素がないとフォロワーが増えません。

7-10 LINE の利用方法

LINEは日本で最も普及しているコミュニケーションツールです。SNSにも分類されますが、他のSNSとは違い、1対多のコミュニケーションに向いています。メルマガよりも閲覧される確率が高いため、フォロワー（友だち）数を増やすことができれば、キャンペーン施策として非常に有効です。

まずは無料アカウントを開設しよう

LINEアカウントは他のSNSと違い、メルマガのように情報を配信するものですので、**お役立ち情報の配信ではなく、主にキャンペーンやプロモーションの配信に使います。**

企業がLINEを利用するためには、個人のアカウントではなく専用アカウントの「LINE公式アカウント」が必要です。アカウントは無料でも開設できます。

無料アカウントでは右表のように、月1,000通までメッセージを送ることができます。メッセージ通数は送付人数×メッセージ通数でカウントされるので、例えば100人のフォロワーがいるなら、月間10通まで無料でメッセージを送ることができるということです。**一度の送信で3つの吹き出しまで配信できますので、商品画像やスタンプと一緒に配信します。**

フォロワー（友だち）の増やし方

LINE公式アカウントのフォロワー（友だち）を増やすには、ECサイトのリピーターやメルマガの読者に向けて、LINE公式アカウントのフォロワー特典を訴求するとよいでしょう。例えばLINE公式アカウントでの限定クーポン発行などが考えられます。

また、商品の梱包物にQRコードのチラシを入れるのもよいでしょう。他のSNSと違い、ECサイトの運営を通じてフォロワーを増やし、主にリピーター施策とするのがLINE公式アカウントの特徴です。店舗がある場合は、店舗内の掲示物やチラシなどでも積極的にLINE公式アカウントをアピールしましょう。

もう一点重要なのが、配信時間と頻度です。深夜など一般的に企業からの通知が送られてこない時間帯に投稿すると迷惑に感じられ、ブロックされやすくなります。

　なお、LINE公式アカウントではタイムラインに投稿することもできます。メッセージとの違いは、通知が友だちに届かないので、友だち全員が投稿を見るわけではありませんが、商品やキャンペーンをアピールできますし、ユーザーとコミュニケーションもとれます。シェアされれば、新規の友だちにもリーチが広がります。

初回のあいさつメッセージが大切

　友だちになったユーザーには、あいさつメッセージを送りますが、このメッセージは非常に重要です。ユーザーがその内容を見たときに、今後も継続的に情報を受け取るのか、あるいはブロックするのかを決める要素となるからです。まずはECサイトの説明をしっかり行い、どういうアカウントなのかを訴求します。そして、今後はどのような情報が送られるのか、ユーザーはどういうメリットを受け取ることができるのか、という点をしっかり訴求してください。特に友だち登録してくれるユーザーはリピーターである可能性が高く、クーポンやポイント情報に非常に敏感ですので、そういったことを前提にあいさつメッセージを作りましょう。

「LINE for Business」料金プランごとの送れるメッセージ通数／月

	フリープラン	ライトプラン	スタンダードプラン
月額固定費	無料	5,000円	15,000円
無料メッセージ通数（月）	1,000通	15,000通	45,000通
追加メッセージ料金	不可	5円／通	〜3円／通

出典：LINE for Business (https://www.linebiz.com/jp/service/line-official-account/plan/)

OnePoint

LINEは、キャンペーン施策として活用しましょう。公式限定クーポンなどを配信することで、フォローするメリットが生まれます。

サブスクがメインの
デジタルコンテンツ市場とは？

　ここ数年、デジタルコンテンツの EC 市場は堅調に伸びています。昨今では、Spotify や Netflix、Amazon プライムをはじめとする「音楽」「電子コミック」「動画」のサブスクリプションサービスが伸びており、市場が活性化しています。さらに、2020 年は新型コロナウイルスの影響による巣ごもり需要で、**サブスクリプションサービスの利用者数の増加により、市場規模も広がっています。**

　EC 事業者がデジタルコンテンツを販売していくには、自社 EC サイトか、ショッピングモールへの出店の 2 つの方法があり、ショッピングモールへの掲載は、物販よりも手数料が非常に高くなります。しかし、デジタルコンテンツは、一度作成してしまえば仕入れが発生しないので、利益コントロールしやすいメリットがあります。デジタルコンテンツ分野においては、サブスクリプションサービスの普及によって今後も市場が伸びていくことが予想されます。

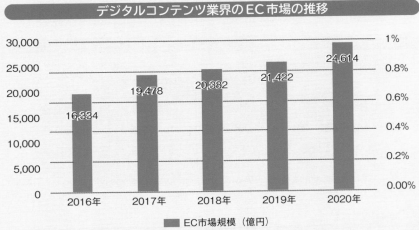

デジタルコンテンツ業界の EC 市場の推移

■ EC市場規模（億円）

出典：経済産業省「令和 2 年度　産業経済研究委託事業（電子商取引に関する市場調査）報告書」

第 **8** 章

ECサイトの購入率を
高めて売上を増やす

8-1 初回購入を失敗させてはいけない！

ECサイトへの集客の結果、あなたのECサイトに多くの新規のユーザーが訪れるようになったとします。しかし、ECサイトが使いにくかったり、信頼感に欠けるデザインであれば、クレジットカード番号を入力する勇気をユーザーは持てないため、商品を購入してくれません。

新規ユーザーの初回購入の失敗は影響が大きい

SEOやブログ施策、SNS施策での集客の結果、自社のECサイトに新規ユーザーが訪れるようになってきます。商品購入意欲のある新規ユーザーの初回購入は絶対に成功させなくてはなりません。なぜなら、**初回購入に失敗してしまうと、その分売れなかったというだけでなく、その新規ユーザーがリピーターになってくれる可能性も失ってしまう**からです。初回購入の成功／失敗は、年間を通して考えると売上に大きな影響があるのです。

ユーザーが**初回購入に失敗する理由**は様々あります。

- クレジットカード番号でエラーが出る
- 自分が利用したい決済方法がない
- 個人情報の入力にためらいがある
- 会員になりたくない
- 損している気になった

これらの理由をすべてつぶすのは難しいのですが、それでも有効な施策を実行することができます。

まずは決済方法についてです。利用しているECカートシステムに依存するところではありますが、できるだけ決済方法を多く用意することで、決済に対する不安を解決できます。

また、「よくあるエラー」に関しては注意書きを掲載できる場合があるの

で、まずはよく発生してしまうエラーを把握し、ユーザーが決済に戸惑わないような工夫をしましょう。

　会員登録や個人情報の入力を嫌がるユーザーに関しては、ゲスト購入を用意したり、Amazon Payや楽天ペイなどを設置することで、ある程度解決可能です。また、TOPページや商品ページで新規ユーザー限定でクーポン訴求をすることで、損した気分になることも防止することができます。

　このように初回購入を成功させるための取り組みは、大手のECサイトではマーケティング担当者が知恵を絞り、あらゆる施策を実行しています。初回購入を成功させることはECサイトのWEBマーケティング業務でも最も重要な施策の1つです。ベンチマークにしている大手のECサイトがどのように工夫しているか参考にしてみましょう。改善できれば、年間を通して売上に大きな影響を与えるでしょう。

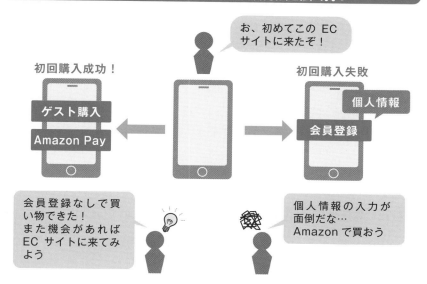

初回購入を成功させるために決済方法を広く持つ

お、初めてこのEC
サイトに来たぞ！

初回購入成功！

ゲスト購入

Amazon Pay

初回購入失敗

個人情報

会員登録

会員登録なしで買い物できた！
また機会があれば
ECサイトに来てみよう

個人情報の入力が
面倒だな…
Amazonで買おう

8

✏ **OnePoint**

よくあるエラーを把握するためには、問い合わせやクレームを普段から注意深く聞き、自分でも不具合を再現してみることが第一歩となります。

Amazon Pay や楽天ペイ などの ID 決済を導入する

小規模事業者のEC サイトは、大手のEC サイトと比べて信頼感で劣ります。例えしっかりしたデザインであっても、小規模事業者のEC サイトではユーザーはクレジットカード番号を入力するのが不安という心理が働きますので、その不安を取り除くことが大切です。

🛒 ID 決済とは？

ID 決済とは、Amazon Pay や楽天ペイなど外部のサービスと連携することで、外部サービスに登録されている情報を使って決済ができる仕組みです。自社EC サイトに導入すると、**ユーザーは自分がすでに持っているAmazon や楽天市場のID とパスワードでログインすることができ、新たに会員登録や個人情報、カード情報の入力をしなくても商品購入できる**メリットがあるため、手間がかからず、安心して買い物ができます。

EC サイト事業者にとっても、かご落ち*9 を防ぎ、購入率を高めることができるという大きなメリットがあります。そのためEC サイトにおいてはAmazon Pay や楽天ペイを導入する事業者が非常に増えています。

その他にもPayPay（オンライン）やd 払い、Apple Pay やLINE Pay などさまざまなID 決済が普及しているので、自社のターゲット層の利用率や、それぞれのID 決済の特徴を見て、導入するべきでしょう。

🛒 ID 決済を導入する前に考えておくべきポイント

ID 決済を導入する前に考えておくべきポイントは下記の点です。

・自社のEC カートシステムにID 決済は対応しているのか？
・決済手数料
・会員情報が利用できるのか？

＊9 **かご落ち**：EC サイトでユーザーが商品をカートに入れたものの、購入せずにサイトから離脱してしまうこと。

・ID決済の利用ユーザー層

・ECサイト内で決済が完了するか？

　これらは使っているECカートシステムによって異なることもあるので、まずは、**ECカートシステムのホームページを見て、利用可能なID決済及び、ID決済の利用方法などを確認**しておきましょう。また、日々連携できるID決済は増えています。現時点で目的のID決済が使えなかったとしても、ECカートシステム側も将来対応する可能性は十分にあります。特にメルマガ施策を積極的に実施したい場合などは、Amazon Payのように会員情報を利用してメルマガを送れるID決済を選ぶとよいでしょう。

各ECカートシステムで利用できるID決済一覧

	MakeShop	futureshop	ショップサーブ	Shopify	カラーミーショップ	BASE	STORES
Amazon Pay	◯	◯	◯	◯	◯	◯	◯
楽天ペイ（オンライン決済）	◯	◯	◯	◯	◯		◯
PayPay（オンライン決済）	◯	◯	◯	◯	◯		
LINE Pay	◯			◯	◯		
d払い		◯					
Apple Pay		◯		◯		△	
Google Pay				◯			
メルペイ				◯			
リクルートかんたん支払い	◯						
PayPal（ペイパル）	◯	◯	△	◯	◯	◯	◯

△：条件・制限などあり　　　　　2021年10月時点での各社ホームページの記載より調査

 OnePoint

ID決済を導入する前に、導入前と導入後で、どれくらい注文の増減があったのかを把握できるようにしておきましょう。

8-3 | 送料無料が
当たり前の時代

> 配送にはコストがかかります。送料をユーザー負担にするのは当然のことで
> しょう。しかし、Amazonプライムが普及し、送料無料という考え方が当たり
> 前の世の中になっており、送料無料ではないために、商品の購入を見送られる
> こともあります。

🛒 送料無料が購入の決定的な要素になる

　右のグラフは、Baymard社が2021年にアメリカのオンライン買い物
ユーザーを対象に、ユーザーがカートを放棄する（ECサイトを離脱する）理
由を定量調査した結果です。この調査によると49%のオンライン買い物
ユーザーが、送料などの想定外の追加費用が理由でECサイトから離脱して
いることがわかります。また日本においても、Amazonプライムの送料無料
がユーザーに浸透したり、あるいは楽天市場が出店者に対して送料無料の義
務化を計画していたことなど、送料無料が当たり前になりつつあります。

　このことから、送料無料でないECサイトの商品は選択されづらいことが
わかります。逆に言えば、**ユーザーは、送料無料のECサイトを選んで買い
物をするようにしている**のです。そして、大手のECサイトでは全商品、あ
るいは限定した商品を送料無料にする事業者が増えてきています。

　そういう状況ですので、送料無料を検討することは小規模事業者にとって
も非常に重要な戦略となります。小規模事業者は大手に比べて仕入れ価格が
高くなるため、送料無料にするのは非常に難しいことですが、まずは「全商
品送料無料」か、「商品限定」にするか、「期間限定」あるいは「会員限定」にす
るか、などの選択肢から、送料無料の実施を検討してみましょう。

　送料無料を実施するのなら、商品ページで目立つようにしましょう。いく
ら送料無料を実施しても**ユーザーに「送料無料」であることが伝わらなけれ
ば意味がありません**。送料無料を実施するなら、TOPページ、カテゴリー
ページ、商品ページとすべてで訴求し、新規ユーザーへ購入を促し、メルマ
ガやSNSでもリピーターに通知して、自社のECサイトが送料無料というイ

メージを浸透させてください。

　積極的にWEBマーケティング施策として送料無料をアピールするのなら、例えば「5,000円以上は送料無料」として、まとめ買いをユーザーに促す方法もあります。このようにまとめ買いを促進するときは、500円程度の安い商品もラインナップにあると、ユーザーは「あと500円で送料無料になるから、まとめ買いしてみよう！」という気持ちになりやすいので工夫してみてください。

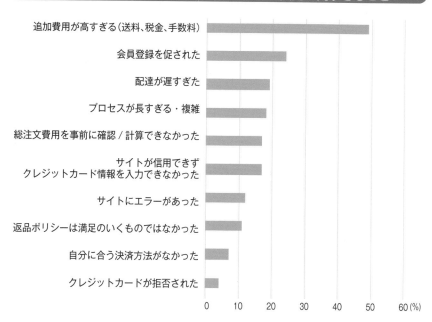

カート離脱理由の49%が送料などの追加費用が高すぎること

出典：「Reasons for Abandonments During Cart & Checkout」@baymard.com/research」
https://baymard.com/lists/cart-abandonment-rate
上記のグラフを日本語化

OnePoint

「送料無料」というのは、ユーザーにとって商品を購入する要因の1つです。まずは試験的に実施して、売上に及ぼす影響度合いを試してみるべきです。

8-4 返品ポリシーを明確にする

ECサイトは実店舗と違い、手に取って商品を確認してから買うことができないのが大きなデメリットの1つです。そのためECサイトで返品ポリシーが明確に書かれていることは、新規ユーザーにとっても安心できる材料の1つであり、返品ポリシーの文章次第で、購入率も変わってきます。

返品をキャッチコピーにしている「ロコンド」

靴のECサイトの大手であるロコンドは「自宅で試着、気軽に返品」というキャッチコピーで「試着できる通販」というイメージを定着させて、急激に成長したECサイトの1つです。靴は自分のいつものサイズであっても、履いてみるとサイズに違和感が生じやすい商品なので、ECサイトと相性のよい商品とは言えない面があります。しかし、ロコンドは返品自体をサービスの一環にすることで、急激に成長したのです。

安心して返品できることで、ユーザーは商品を購入しやすくなります。返品自由にすると小規模事業者にとっては大きな負担になりますが、返品ポリシーをしっかり明記することはクレーム防止の観点からも重要です。

ECカートシステムによっては、PCやスマホといった端末別に返品情報を編集することも可能です。

返品を減らす工夫

返品可能にすれば、返品するユーザーが増えて事業者の負担が増えますが、返品するユーザーを減らす方法はいくつかあります。

まずは**商品情報を細かく書く、商品写真をとにかく多く掲載することで、ユーザーが商品をより理解した上で購入できるようにします。これは返品をある程度防ぐ効果があります。**

また、**ユーザーレビューを集めることも、返品を防ぐ効果があります。**ユーザーレビューが多ければ、サイズなど自分に近いタイプの人の感想など

を知ることができ、商品の検討に役立ちます。ユーザーレビューに関しては
8-6で詳しく解説しています。

　まずは返品ポリシーを明記した上で、実際にどれくらいの返品があるのか
返品率を把握し、返品が多いようであれば対策をしましょう。また、**返品は
悪いことばかりではなく、ユーザーとコミュニケーションをとる機会でもあ
り、丁寧な対応をすることでコアなファンになってくれる可能性もありま
す。**返品が生じた場合も前向きな接客を心掛けましょう。

　返品が生じた際、新規ユーザーとスムーズな返品を行うことができたな
ら、レビューの依頼を出してみましょう。きっと新規ユーザーも気持ちよく
返品ができたことを、レビューに書いてくれるはずですし、そのレビューを
見た他のユーザーが商品を購入してくれる可能性が高まるでしょう。ですか
らユーザーとは長期的によい関係を築くことを意識するべきなのです。

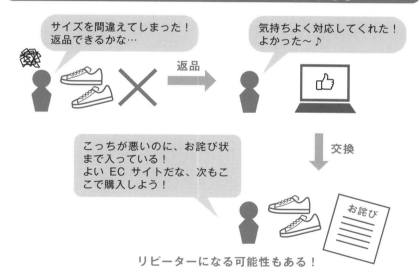

8

✏️**OnePoint**

返品対応を後ろ向きに考えず、ユーザーとコミュニケーションをとるキッカケとと
らえれば、リピーター施策の1つにもなります。

8-5 | ゲスト購入を促す

ECサイトにおいて、注文数を増やす有力な方法の1つに「ゲスト購入」を促すという手法があります。調査によると24%※のユーザーが会員登録を嫌がり離脱している結果が出ており、ゲスト購入を可能にするだけで、商品の購入率を高めることができるのです。

🛒 ゲスト購入を可能にする

　多くのECカートシステムでは「非会員でも購入可能」あるいは「購入するには会員登録が必要」のどちらかを選択することができるはずです。もし、「会員登録が必要」と設定しているのであれば、「非会員でも購入可能」に設定を変更すべきです。

　会員登録不要のゲスト購入でも商品購入ができるようにするだけで、売上を高めることができるはずです。やはり大手のECサイトではない限り、**会員登録をためらう層が一定数いる**ので、ECサイトではゲスト購入を前提に考えるべきでしょう。

🛒 ゲスト購入の訴求と会員登録の訴求はバランスをとって行う

　ゲスト購入を実施するなら、せっかくですから目立たせましょう。例えば、会員登録よりもゲスト購入を目立たせるカートデザインにしてみます。もちろんリスクもありますが、1か月程度試してみる価値はあります。

　逆に、ゲスト購入を選んだユーザーには、会員登録をすれば得られるメリットが得られないことをアピールしてみましょう。例えば「ポイントが付与されない」「クーポン使用不可」「キャンセル不可」「コンビニ決済不可」などです。そうすることで、ゲスト購入者に会員登録を促すことができます。

　ゲスト購入の訴求を強めると会員登録訴求が弱くなってしまいますので、バランスを見ながら、訴求のバランスをとっていきます。**会員登録とゲスト購入の両方の観点を考慮したいEC事業者は、Amazon Pay**などID決済**の導入を行い、会員情報も取得する**など工夫してみましょう。

ゲスト購入の会員登録画面のデザインをどうすべきか悩む場合は、トイザらスのスマホ画面が参考になります。ゲスト購入への誘導をし、ゲスト購入を選択した人にはさらにAmazon Payによる購入も訴求するなど、大変上手く設計されています。

　ゲスト購入と会員登録、それぞれの施策は相反するものです。最もよいやり方というのは存在しないので試行錯誤が必要になりますが、悩んだときは、ユーザーの立場になって「自分がユーザーだったらどのように思うか?」と考えるようにしてみましょう。

※「Reasons for Abandonments During Cart & Checkout」@baymard.com/research」
　https://baymard.com/lists/cart-abandonment-rate

トイザらスの注文画面ではゲスト購入やAmazon Payを訴求

注文画面で、「新規会員登録」か「ゲスト購入」を選ぶことができる!

「ゲスト購入」をクリックすると、「Amazon Pay」が利用可能なことをアナウンスしてくれる!

【公式】トイザらス オンラインストア
https://www.toysrus.co.jp/

OnePoint

一定数のユーザーは、会員登録を行うことが面倒だと考えています。まずはゲスト購入を促し、ECサイトで購入してもらうことを意識しましょう。

8-6 | レビューを増やして 購入率を高める

多くのユーザーが、ECサイトで購入するときやWEBサービスを申し込むときに口コミやレビューを参考にしているでしょう。口コミや商品レビューは商品購入率を高める大きなポイントとなります。まずは商品レビューを増やすことを意識しましょう。

🛒 悪い商品レビューでさえ、売上アップになることも！

商品レビューが多数ある商品ページはよいことだらけです。まず、**商品レビューもGoogleはコンテンツの一部とみなしてくれるので、レビューが多い商品ページはそれだけでSEOにも強くなります。**

一方、多くの商品を販売すれば悪いレビューも避けることはできません。しかし、**実は悪い口コミも売上アップにつながることがある**のです。ユーザーの中には、あえて悪い口コミだけを探して最悪のケースの想定をし、「最悪、この程度のリスクなら許容できるな。買ってみよう」と購入する人もいるのです。ですから、まずは商品レビューを集めることを優先させましょう。

🛒 商品レビューを集めるための3つのポイント

商品レビューは待っていても集まりません。商品レビューを積極的に集めるには、3つのポイントがあります。

①商品購入者にレビュー依頼のメールを送る
②商品レビューの特典を付ける
③商品レビューのルールを用意する

まず、商品購入者に対して、レビュー依頼のメールを送ります。そしてポイント②のように、特典を付けることでレビューが集まりやすくなります。特典はクーポンやポイントがよいでしょう。

このポイント②まででレビューはある程度集まりますが、これだけだと「丁寧でした」「ありがとうございました」など、おざなりでありきたりなレビューが多くなりがちです。これでは、他のユーザーの参考になりません。

そのため、下図のようなレビュー文のルールを用意します。こうすることで、レビュー内容の最低限のクオリティが担保できるからです。もちろんルールを守らない人もいますが、ルールを事前告知するだけでもレビュー文の質が高まります。

ユーザーの声であるユーザーレビューは非常に重要です。レビュー文が増えてくると、EC サイトの運営についてや、商品についてのフィードバックを得られるので、自社のサービス改善につながります。また、ユーザーレビューが入力されたら、なるべく早くスタッフから返信するようにしましょう。レビューにスタッフから返信があると、レビューを見た新規ユーザーも「この EC サイトのスタッフは誠実に対応しているな〜」と EC サイトに信頼感を持つことができるようになります。仮に悪いレビューであっても、しっかり対応することで、よい印象を持たれることにつながります。

レビュー文を集める３つのルール

ルール①

３行以上で書くこと

ルール②

商品のよかった点（あるいは悪かった点）を具体的に明記すること

ルール③

これから購入する人へのアドバイスを書くこと

8

🖌 OnePoint

商品レビューの自作自演は NG。ユーザーは普段からネット上のコメントと多数接しており、褒めすぎているレビュー文ばかりだと不自然に見えます。

8-7 クーポンでの訴求を行う

クーポンを使っての訴求は、新規ユーザーに対して購入を後押しするための有効な施策です。クーポンで訴求をしているEC事業者は多数いますが、TOPページだけでなく、他のページでも繰り返し訴求を行わないと、効果が発揮できません。ここではクーポンを使っての訴求の具体的な方法を解説します。

クーポンとポイントの違いは？

ポイントは分割して使うこともできますし、ポイントの余りを貯めることもできますので、お金に近いものです。それに対して、クーポンは分割したり、余った金額を使うことはできません。クーポンは割引に近い性質があります。

新規ユーザーに対しては、ポイントもクーポンも魅力な訴求となります。ただクーポンのほうが、使用できる商品を限定することで利益をコントロールしやすかったり、ポイントよりもお得感の演出がしやすいメリットがあります。

クーポンのアピールは様々なページで行う

新規ユーザーに購入を促すために、クーポンをアピールする必要があります。その際、ECサイトのTOPページに設置するだけでは十分とは言えません。なぜなら新規ユーザーが最初に接触するのはTOPページとは限らないからです。また、商品ページだけに設置した場合、カテゴリーページで商品を選んでいるユーザーには届きません。つまり新規クーポンは、TOPページ、カテゴリーページ、商品ページなど多くのページで訴求を実施すべきです。

その際、スマホ画面ではクーポンを設置してもなかなか気がつかれない場合があります。そのときに便利なのがポップアップ画面を表示できるWEB接客ツールです。

WEB接客ツールには様々なものがありますが、月々数千円のコストで利用できる安価なタイプもあります。それがFLIPDESK（フリップデスク）です。FLIPDESKは安価でありながら、ポップアップにメッセージやリンク、あるいはバナーをカンタンに設置することもできますし、設置したバナーのクリック数を見る分析機能も付いています。安価でありながら非常に多機能なツールと言えます。

またWEB接客ツールでは、下図のように**来訪ユーザーを判別し、新規ユーザーのみに新規クーポン訴求のポップアップ画面を表示**することができます。クーポン訴求というと、売上は増えるかもしれないが、利益を減らすのでは？　という印象を持つ方もいると思います。しかし、クーポンは使い方によって、いろいろな目的のための施策をすることができるのです。例えば、「5,000円以上お買い求めの方には1,000円OFF」あるいは「3点以上お買い上げなら10% OFF」など、客単価を上げるクーポンの使い方もあります。新規ユーザー獲得のためばかりでなく、客単価を増やすために使うという方法もあるので、自社の課題に合わせてクーポン施策を考えてみましょう。

WEB接客ツールで新規ユーザーにのみクーポン訴求を実施

WEB接客ツール導入後

それぞれに合う訴求ができる

🖌 OnePoint

初回購入特典のクーポンの訴求は、新規ユーザーに対して初回購入を促すために、誰でも実施しやすく、効果の高い施策です。

WEB接客ツールの利用方法

WEB接客ツールは、ポップアップ画面の表示とチャット表示の2つが代表的機能です。WEB接客ツールを上手く使えば、まるで実際の店舗でスタッフが販売しているかのようにユーザーの満足度を高め、売上を向上させることも可能です。

🛒 WEB接客ツールでターゲットごとに接客を変える

右図はWEB接客の4つのタイプです。それぞれを解説していきます。

①限定商品を訴求する

カテゴリーページで迷っている人に対して、限定商品をおすすめする方法です。商品ラインナップが多数ある場合、明確に買いたい商品のイメージを持っていない人は、**どれを選べばよいかわからない場合があります。そういう人には限定商品をおすすめすることで「今だけ感」を出し、購入を後押し**します。

②会員登録を訴求する

新規ユーザーに会員登録メリットを訴求するポップアップを提示して、会員登録を促すものです。その際ポップアップには「ポイントプレゼント」「クーポンプレゼント」「送料無料」などのメリットを併せて訴求して、新規会員登録画面に誘導しましょう。

③他の商品を提案する

商品ページに滞在しているユーザーに、ポップアップバナーで他の商品をすすめてみる方法です。例えば商品ページを見ていて、なかなかページ遷移しないユーザーなどに他の商品をすすめてみます。紹介する商品は目玉商品や、売れ筋の商品、価格が安くて買いやすい商品など、まずはECサイトで買い物をしてもらうことを目的にして提案します。

④電話注文を提案する

　電話注文を受けつけている事業者向けの方法ですが、ECサイトから電話注文に遷移させるものです。**高額商品や、サイズ感が問われる商品の場合有効な手段**と言えます。また、シニア層がターゲットである場合や、コールセンターが整備されている場合などには積極的に利用したいWEB接客施策です。

　このように、ターゲットごと、ページごとに、自分なりにユーザーの気持ちを考えて、ポップアップバナーを表示させることで、ECサイト上でも接客を可能とすることができるのです。

WEB接客の４つのタイプ

①限定商品訴求

②会員登録訴求

③他の商品の提案

④電話注文の提案

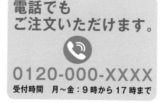

8

OnePoint

ユーザーの購入を促すWEB接客の方法は複数あります。ユーザーの属性や扱う商品、設置する場所によってポップアップバナーを変更してみましょう。

8-9 チャットの設置

商品ページや、カート画面でしばらく画面遷移しないユーザーは、何らかのトラブルで商品購入に手間取っている可能性があります。そういったユーザーにチャットを表示すれば、購入できず困っているユーザーに対してサポートができるので、購入率とともに満足度も高まります。

ユーザーの離脱を防止する

もし、ECサイトに訪れているユーザーが注文画面で止まっているのなら、何かにつまずいているのか、あるいは商品を検討して、その結果ECサイトを離脱しようとしている可能性があります。これが**実店舗なら、スタッフがユーザーに声をかけて、検討している商品のことを聞いたり、お得なキャンペーン中の製品を宣伝したりするでしょう。実はECサイトでもWEB接客ツールを使えばこのようなことも実施可能です。**

代表的な方法として、チャットの表示があります。ECサイト画面下部に最初から設置してもよいのですが、最初から設置されていることのデメリットもあります。デザインに一体化していてチャットの存在に気がつかない、もしくは意識を払わないことが多いのです。

そのため、画面に滞在したユーザーが数十秒以上とどまっている場合に限定してチャット表示するほうが、チャットを利用するユーザーは増えます。ZOZOTOWNなどもこの方法を採用しています。

ECサイトのデメリットは接客する機会がないことですが、**わざわざチャットで問い合わせてくるユーザーは購入意欲が非常に高いため、上手く接客してECサイトのファンになってもらいましょう。**

チャットボットを利用する

有人のチャットを設置するデメリットは、スタッフが対応しなくてはいけないことです。そのデメリットをなくす方法として、手間はかかりますが、**チャットボットを設置すれば、無人でも対応することが可能**です。

チャットボットには、購入時によくある質問をFAQデータとしてインプットします。ユーザー向けには設問と回答を用意することで、ユーザーの悩みを解決することができます。チャットボットはASPサービスで月々数千円から利用できるものから、AIを利用した高度なものまで様々あります。また、チャットボットでは対応できない問題を、有人チャットに切り替えることも可能です。

また、チャットボットはユーザーとのやりとりをログとして記録することができます。ログ分析を行うことで、チャットボットの正答率を高めることができるので、チャットボットは導入した後、改善に取り組むことが非常に重要となります。

チャットが最初から表示されている場合とそうでない場合

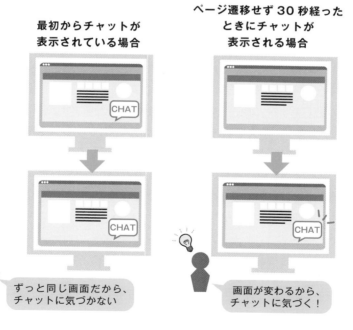

最初からチャットが
表示されている場合

ページ遷移せず30秒経った
ときにチャットが
表示される場合

CHAT

CHAT

CHAT

ずっと同じ画面だから、
チャットに気づかない

画面が変わるから、
チャットに気づく！

8

🖌 OnePoint

注文件数が少ないうちは、有人チャットで対応し、売上が増えてきて注文件数が多い場合は、チャットボットの設置を検討しましょう。

8-10 かご落ち防止ツール

スマートフォンの登場により、ECサイトの主戦場はPCからスマートフォンに変わりました。スマートフォンでの購入行動を邪魔するものは、電話の着信やアプリの通知です。電話がかかってきたりすると、購入意欲が非常に高いユーザーでさえも離脱するケースが一定数あります。ユーザーに買い物に戻ってきてもらうことができれば、確実に売上が増えます。

かご落ち対策ツール「かご落ちメール」

　ユーザーの多くはスマートフォンユーザーです。ECサイトでの買い物中に電話がかかってきたり、アプリからの通知があると買い物を途中でやめてしまうことがあります。これが「かご落ち」の原因の1つです。

　しかし、ツールを使って、かご落ちしたユーザーに買い物を復活させる方法があります。それが「かご落ちメール」です。

　かご落ちメールの仕組みは、会員登録済みのユーザーに、買い物かごのURLを記載したメールを送付して、買い物を復活させます。新規ユーザーに対しても、なるべく個人情報入力の初期時にメールアドレスを取得し、離脱したユーザーにも後でメールを送って買い物を復活してもらう施策です。

　筆者の経験では、かご落ち対策を実施すると、かご落ちしたユーザーの中から1割程度は買い物に復活させることができます。かご落ちしたユーザーの中での1割程度ですが、年間で考えるとECサイトの売上に大きな影響があります。

　かご落ちメールは各社からサービスが提供されていますが「カートリカバリー」が比較的安価なサービスです。

タイミングを変えて3回は送信する

　かご落ちメールは、1回だけではなく3回は送信しましょう。たとえば次のように3回設定すれば、買い物を復活してくれる可能性も高くなります。

・1時間後

・1日後

・1週間後

　メールはまずかご落ち直後に送るほうが効果は高くなりますが、商材によっても違うので、1 ～ 3時間後の範囲で効果を検証してみるとよいでしょう。試行錯誤して最もよいタイミングを見つけましょう。

　かご落ちメールの内容は、それぞれ工夫してみるとよいでしょう。3回送るなら、毎回同じ内容ではなく、下の図のように工夫してみるべきです。

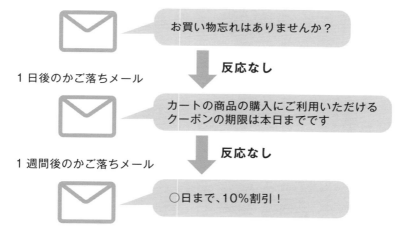

かご落ちメールの例文

1 時間後のかご落ちメール

お買い物忘れはありませんか？

反応なし

1 日後のかご落ちメール

カートの商品の購入にご利用いただける
クーポンの期限は本日までです

反応なし

1 週間後のかご落ちメール

○日まで、10％割引！

8

OnePoint

かご落ちメールを実施するだけでも、一定数のユーザーが買い物に戻ってきてくれるので効果が出やすい施策の1つです。

急激に拡大する越境EC市場とは？

　経済産業省のレポートによると、世界の越境EC市場規模は、2027年には4兆8,561兆ドルに成長すると言われており、その規模は**2020年と比較すると5.3倍にもなるポテンシャル**があります。特に中国人ユーザーの高い消費意欲が、世界の越境EC市場を牽引しています。

　国内で越境ECにおいて今後も高い成長を続けていくには、インバウンド（訪日外国人）を無視することはできません。なぜなら、訪日外国人は来日時に手に入れた日本製の商品を、自国から越境ECで購入するケースが多く、インバウンドと越境ECには密接な関係があるのです。越境ECを成功させるためには、ECサイトの多言語対応、決済方法の拡充、海外配送の不安解消などに注力していく必要があります。

越境EC市場の推移

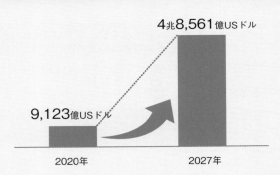

4兆8,561億USドル

9,123億USドル

2020年 　　　 2027年

出典：経済産業省「令和2年度　産業経済研究委託事業（電子商取引に関する市場調査）報告書」

第 9 章

リピーターを増やして
ECサイトの売上を
安定させる

9-1 会員登録を促す

集客の結果、新規ユーザーの訪問者数が増えてきたら、会員登録を促して、リピーターを獲得していきます。ECサイトでは新規ユーザーを獲得するよりも、リピーターに再購入を促すほうが、WEBマーケティングのための費用や労力が少なく済み、ECサイトの売上も安定するようになります。

新規ユーザーを会員登録させる方法

会員登録をしてもらえると、メルマガやECサイトの会員ページで、ユーザーとコミュニケーションをとることができます。ユーザーに新しい商品をおすすめしたり、ポイントやクーポンの付与で購入を促したりすることでリピート購入してくれるようになります。

新規ユーザーを会員登録させる方法は、大きく3つあります。1つ目は商品購入時に会員登録を促す方法、2つ目は商品購入しなくても会員登録だけを促す方法、そして3つ目は商品購入後に会員登録を促す方法です。

会員登録させるにはメリットを提供

ユーザーは基本的に個人情報の入力やパスワード管理などが面倒なため、なるべく会員登録は避けたいという人がほとんどです。**メリットや必要性がなければ、なかなか会員登録をしません。会員登録させやすいタイミングは商品購入時**となりますが、ゲスト購入が可能で、会員登録に特にメリットがなければ、ユーザーはゲスト購入を選ぶでしょう。

ですから会員登録をさせるには、ポイントやクーポンの付与、送料無料などのメリットを提供する必要があります。会員登録する代表的なメリットは、次のものが考えられます。

・ポイント付与
・クーポン付与（割引）
・送料無料

・最新情報のお知らせ

・商品予約（ができるようになる）

・限定商品の販売

　新規ユーザーが会員登録をしたくなるメリットを考えて、そのメリットを繰り返しECサイトで訴求します。また、会員登録を促すためにも、下図のように会員登録の際の**メリット訴求のバナーを設置**すると、非常に効果的です。あらかじめ会員登録のメリットを整理して会員登録訴求バナーを作成し、ECサイトで繰り返し訴求していきましょう。

会員登録訴求をボックス型のバナーにする

会員登録する 4 つのメリット！

1 新規会員登録で
○○ポイントプレゼント！

2 買い物するたびポイントが
貯まる！
貯まったポイントが使える！

3 配送先など毎回入力の
手間が省けてお買い物が
スムーズに！

4 \SALE/
会員限定商品や
キャンペーンクーポンが
もらえる！

会員登録するメリットをまとめたバナーを、会員登録フォームや、商品ページに設置してみましょう。

✏ **OnePoint**

「ゲスト購入」と「会員登録」の訴求順序ですが、まずはゲスト購入で新規ユーザーを増やして、その次に会員登録施策を意識するのがよいでしょう。

9

9-2 | 会員登録だけではなく SNS フォロワーも増やす

リピーター施策の代表的なものは、会員向けのメルマガ施策ですが、スマートフォンが普及し、コミュニケーションの中心がメールからSNSになるにつれて、メルマガ施策の効果は下がってきています。ですので、会員登録とともにSNSフォロワーも増やしていきましょう。

🛒 商品を購入してくれたユーザーにSNSをフォローしてもらう

会員登録とともにSNSのフォロワーも増やしてリピート購入につなげていくべきでしょう。ユーザーはLINEやInstagram、Twitter、Facebookなど様々なSNSを利用しています。そこで新商品のお知らせをすることで、リピート購入につながるキッカケとなります。

SNSで発信する際は、**露骨な宣伝ばかりになると、フォローを解除されるので、商品を使ってみた体験風の投稿にしたり、ユーザーの体験談を投稿するなど、お役立ち情報の投稿**を意識してみてください。

🛒 SNSのフォロワーの増やし方、メルマガとSNSの連携の仕方

SNSのフォロワーの増やし方については第7章で解説していますが、例えば商品送付の際に、SNSのQRコードを掲載したチラシを同梱してフォローを訴求したり、自動送信メールのフッターにSNSを紹介することでも、興味のあるユーザーがフォローしてくれるようになります。

また、会員に新商品の紹介のメルマガを送る場合も、単にメルマガだけを送るよりも、右図のようにSNSとメルマガの両方で情報発信を繰り返し行うことで、ユーザーも認知を深めて商品を検討してくれるようになります。**ユーザーもたった1回のメルマガよりも、複数の情報との接触により、購入検討を高めていく傾向がある**ので、いろいろなSNSを駆使して情報発信するのはリピート購入を促進することにもつながります。

SNSのよいところは、商品購入者からSNSで反響をもらえる点です。も

しそういったユーザーがいたら、必ずアクションを起こし、ユーザーと積極的にコミュニケーションをとってファンを増やしていくことに注力しましょう。ファンを増やす施策というのは、一方通行のメルマガだけではなかなかできないので、SNSも積極的に活用していきましょう。

🛒 SNSやメルマガではメリット訴求も忘れずに！

せっかくSNSやメルマガを駆使して商品に関する情報発信をして、ユーザーが商品に関心を持ってきたタイミングで、Amazonや競合のECサイトで買われてしまっては意味がありません。そうならないためにも、SNSで露出する商品には「10% OFF」や「期間限定ポイントアップ！」など、自社ECサイトで買うメリットも併せて訴求するようにしましょう。

SNSで露出した商品がどんなに魅力的であっても、ユーザーは買いやすいECサイトや、最も安いECサイトで購入することが多いのです。独自商品ではない限り、なぜ、このECサイトで買うべきかという訴求も忘れないようにしましょう。

ユーザーは購入までに様々な情報に接触する

商品購入までの情報接触の流れ

EC サイト
で購入

購入までに様々な SNS やメルマガなどの情報に接しながら、購入意欲を高めていく

🖋 OnePoint

ECサイトの会員登録だけではなく、複数の自社SNSをフォローしてもらう取り組みが重要となります。

快適な買い物体験は自動送信メールの設定から

会員登録してもらったユーザーに対して、リピート購入を促す方法は無数にありますが、まず、初めて買い物してもらったユーザーに、受注から商品到着まで快適な買い物体験を提供することが一番のリピート施策となります。まずは自動送信メールの文言と設定をしっかり確認しましょう。

🛒 ユーザーの不安を解消する

　新規ユーザーにリピーターになってもらうために、まずはユーザーに対して、**快適な買い物体験を提供できているかを今一度確認**しましょう。初めてのECサイトから購入する際は、商品はちゃんと届くかどうかなど、心配や不安があります。その不安を払拭するためにも、自動送信で設定しているメールでも手を抜くわけにはいきません。

自動送信メール一覧

・注文完了メール（注文直後）
・入金確認メール（入金確認後）※銀行振込、コンビニ決済など
・発送完了メール（発送直後）
・フォローメール（商品到着数日後）

🛒 わかりやすさが大切

　これらのメールで求められることは3つです。1つ目は**わかりやすいこと**です。例えば注文完了メールなら件名は「ご注文ありがとうございました。○○ショップ」という文面で、ストレートに件名でも目的を伝えます。
　2つ目は、**問い合わせ先がしっかり記載されていること**です。ユーザーからは「キャンセル依頼」「誤注文」「商品交換」など、様々なリアクションがあり得ますので、その場合の問い合わせ先がわかりやすく明記されていることが重要です。

3つ目は、**フッターに公式ホームページURLやSNSなどの告知をしていること**です。

自動送信メールは、一度設定すると担当者も普段あまり意識することはありませんが、初めてECサイトで買い物するユーザーは、不安を解消するためにメールをしっかり確認しています。ユーザーが快適な買い物ができることを意識して、自動送信メールの文面を設定してみてください。

もし、ユーザーからの問い合わせが多い場合は、自動送信メールの内容がわかりにくい可能性があります。ユーザーからの問い合わせ内容を分析して、自動送信メールの内容の見直しをしてみましょう。

自動送信メールを受け取ってユーザーが感じること

注文完了メール

ちゃんと選んだ商品が注文できたようだ!

入金確認メール

コンビニで支払いしてきた。メールも届いているし、大丈夫そうだな。

発送完了メール

商品が発送されたみたいだ!
明後日到着予定だな!

フォローメール

商品レビュー依頼だな。
よい商品だったし書いてみよう。

買い物体験の流れ

9

✎**OnePoint**

自動送信メールは、買い物の手続きが滞りなく進んでいることを伝え、ユーザーの不安を払拭するのが目的です。商品宣伝などは控えましょう。

9-4 〉メルマガはセグメント メールが最も効果が高い

施策としての目的がなく、ただ会員にメルマガを配信するだけでは、効果が得られないばかりか、メルマガを配信解除するユーザーが多くなり、リピート購入も増えません。メルマガが配信解除される一番の理由は「メールの内容に興味が持てない」ケースです。意識すべきは顧客のセグメンテーションです。

🛒 メルマガはセグメントに応じた内容にする

セグメントとは、顧客を属性ごとに分けたその集団のことです。カンタンな例で言うと、女性ユーザーに男性向け商品のプロモーションをメルマガで行っても、効果はまったく期待できません。**メルマガは女性向けと男性向けに分けるべきでしょう。これがセグメントを分ける（セグメンテーション）という意味**です。

同じように、自社商品においてもセグメント分けを行います。商品カテゴリーあるいはユーザー属性に分けてメールを送ることで、メールの開封率や反応率が変わってきます。なぜなら自分の属性に合った商品や、買ったことのある商品ならメルマガに関心を持ってもらえる可能性が高くなるからです。

🛒 「メールの内容に興味が持てないとき」に配信解除される

株式会社WACULが行ったメールマーケティングの実態調査※によると、配信解除率が最も高かったのは、「メールの内容に興味が持てないとき」で53.7%であり、「高頻度でメールが届いたとき」の43.5%を抜いて1位となっています。このことから**「興味が持てない」「セールスの要素が強い」メールが高頻度で届いたときに配信解除率が高い**と、当調査では結論づけています。この結果から見ても、セグメントを可能な限り分けて、ユーザー1人ひとりに興味のあるメールを届ける意識が重要となります。

メルマガのリストをセグメント別に分けて、それぞれのセグメント別にメールを送ってみましょう。セグメントの分け方はいくつもありますが、ま

ずは属性別、あるいは購入商品のカテゴリー別に分けてみましょう。

　なお、メルマガのリストのセグメント分けは、使っている EC カートシステムによっては不可能な場合や、オプション料金が発生する場合があるので、まずは使っている EC カートシステムの機能を確認してみましょう。

セグメントを分けすぎても効果は弱い！

　セグメントメールが有効だということが理解できたことと思いますが、あまりに細かく分けても効果が見込めません。なぜならセグメントを細かくし過ぎると、今度はメルマガ配信数の母数が少なくなるからです。メルマガからの商品購入率は 1% 未満のことが多く、例えばメルマガ配信数が 100 件未満であれば商品は購入されない可能性が高くなります。セグメント分けをするときは、配信数も意識してみましょう。

※ 2021.08.10　研究レポート『「メール送りすぎ？」という遠慮は不要。メールマーケティングの実態調査』(https://wacul.co.jp/lab/mail-marketing_best-practice_report_2/)

メルマガが送られてきたときのユーザーの気持ち

セグメントされていないときの ユーザー心理	商品セグメントされているときの ユーザー心理

件名：有名ブランドの
　　　スニーカーが 50%OFF

件名：有名ブランドの
　　　スニーカーが 50%OFF

スニーカー？
昔、バッグを EC サイトで買ったけど、スニーカーには興味ないな

あんまり関係ないから配信解除しようかな？

EC サイトで、ビジネス用バッグを買った男性ユーザー

いつも興味ある内容のメルマガが来るな！
とりあえず、URL をクリックしてみよう！

EC サイトで、スニーカーを買った男性ユーザー

9

OnePoint

メルマガを送る際は、セグメント分けにもチャレンジしてみましょう。ユーザー属性や購入商品カテゴリーで分けることで、開封率も上がります。

9-5 セグメント別に配信タイミングを変えてみる

ターゲットユーザーのセグメント別に、メールを送るタイミングを変えてみるのもよいでしょう。例えばビジネスパーソン向けなら、電車に乗っている時間や昼休みを狙い、主婦の場合は午前10時から午後2時までに送るなど、タイミングを変えることで開封率に差が出てきます。

🛒 セグメント別にメールの配信時間を変える

2021年9月に発表された海外の調査結果※ですが、**メルマガの平均的な開封率は17.57%、さらにメルマガの文中のURLをクリックした人の平均は8.75%**とのことです。もちろん扱う商材やターゲット層によってメルマガの開封率やクリック率にはばらつきがありますが、この数字を目安にするとよいでしょう。

開封率を高めるためには、まずは最もよい配信時間を見定めることです。属性別に最適な配信時間を解説します。

①ビジネスパーソン

最も開封率が高い、朝の通勤時間帯を狙うことです。9時出社や10時出社であることを考えると、午前8時頃がよいタイミングです。筆者の経験だと、夕方の時間帯は残業や会食の予定がある方もおり、朝よりも開封率は低くなります。

②主婦

主婦は午後になると夕食の支度など忙しい時間帯になるので、家族を送り出した後、比較的落ち着く午前10時から午後2時くらいがおすすめです。

③学生

学生の場合は、学校が始まる午前8時～午前11時までか、あるいはアルバイトが終わる午後9時以降の時間帯がよいでしょう。

④シニア

　シニアがターゲットの場合は、とにかく早朝がおすすめです。とは言えあまりに早い時間に送るとメルマガ解除の原因にもなるので、午前7時〜午前9時頃がおすすめです。

　このようにメルマガの最適な配信タイミングはセグメント別に異なりますが、**セグメント別配信を行わない（できない）場合は、共通時間帯である午前中の時間帯にメールを送りましょう。**主婦が多い場合は午前10時以降にして、そうではない場合午前8時に設定するのがよいでしょう。

　また、メルマガの配信は設定ミスをしてしまうと、お詫びメールの文面を考え、配信を再度行うなど非常に手間がかかってしまうので、メルマガの配信はミスを犯さないことを重視する運営を心掛けましょう。

※『Average industry rates for email as of September 2021』(https://knowledgebase.constantcontact.com/articles/KnowledgeBase/5409-average-industry-rates?lang=en_US)

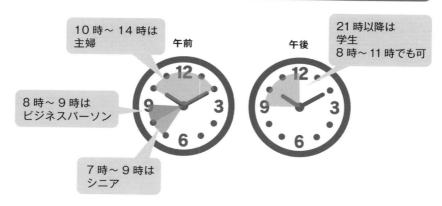

各ターゲット別のメルマガ配信おすすめ時間

10時〜14時は主婦

21時以降は学生　8時〜11時でも可

8時〜9時はビジネスパーソン

7時〜9時はシニア

✎ OnePoint

効果検証を実施することが重要です。上記の時間帯を基本としつつ、時間帯を変えてみたり、訴求をセグメント別に変えて改善を重ねましょう。

9-6 メルマガの 5つの訴求方法

リピート購入促進のためにメルマガを企画しますが、どのようなメルマガを送ればよいのでしょうか？　メルマガには主に5つの訴求方法がありますので、まずは書きやすいと思ったものから積極的に送ってみましょう。どのメルマガも件名とタイミングが重要になります。

メルマガを5つの訴求から作ろう

メルマガは、まずは開封して読んでもらうことを意識する必要があります。そのために下記の5つの方式を選んでみましょう。

①メリット訴求

ポイントやクーポン、バースデーメールなど、メルマガを開封するメリットを訴求します。

②季節感訴求

メルマガのポイントは、ユーザーから見ていかに「自分のこと化」できる内容を送るかです。季節に敏感なユーザーもいますし、アパレルなどは季節性が高い商品ですので、季節感を件名で強く訴求します。

③ニュース・新商品訴求

ショップのニュースや新製品の入荷などをお知らせします。コアなファンの人こそ、新商品の情報に敏感です。販売前から告知して期待感を演出することもできます。ECサイトの商品ページのURLを貼って送りましょう。

④お役立ち情報訴求

ときには会員に、自社事業に関連するお役立ち情報を送るとよいでしょう。例えば寝具のECサイトなら快眠のコツなどが喜ばれます。お役立ちブログを書いているならブログへのリンクをメルマガで紹介しましょう。

⑤キャンペーン訴求

　キャンペーンやセールを実施する告知は、メルマガが最適です。キャンペーン実施の10日くらい前には告知のメルマガを送ります。その際は目玉商品情報やポイント、クーポンなどのメリット訴求と併せてキャンペーン効果の最大化を図ります。キャンペーン施策は、クーポンやポイント配布を併せて行うことで、売上の最大化を図ることができます。

　メルマガに慣れていない場合は、この5つの方法を参考にしてみましょう。また、メルマガの件名は30文字程度が推奨されています。スマートフォンに重点を置くなら冒頭15文字のキーワードや文言を強く意識しましょう。

メルマガの5つの訴求に沿った件名の例

①メリット訴求

【全員にプレゼント】9月にお誕生日をお迎えのあなたへ
【お得意様】だけの限定特別50%OFFでご招待

②季節感訴求

【敬老の日に届きます】大切な人に美味しい贈り物10選
【冬の模様替え】あたたかく暮らすための冬支度を始めましょう

③ニュース・新製品訴求

【新発売】新素材を使った新しい商品をご存知でしょうか？
【先行予約受付中】お得意様限定の新作○○○○

④お役立ち情報訴求

ケーブル不要でスマホを自動バックアップする方法とは？
睡眠不足を解消するためのたった1つのポイントとは？

⑤キャンペーン訴求

【明日まで50%割引】家飲みボトルセットでお届け！
本日キャンペーン最終日！家飲みボトルセット！

OnePoint

メルマガのコツは、受け取った人に「これは自分に必要だ！」と思わせることです。
ユーザーメリットやお役立ち情報を意識してメルマガを作りましょう。

9-7 | 優良顧客に対して、ポイントを付与する

有名なパレートの法則（80：20の法則）によれば、「売上の8割は全顧客の2割が生み出している」とされます。EC業界でもそれが当てはまる企業は多いでしょう。だとしたら、20%のユーザーの満足度を高めて「特別感」を演出することで、リピーターの育成を積極的に行うことができます。

🛒 優良顧客にポイントを付与する

優良顧客の満足度を高める方法は「ポイント」を付与することです。その際は、以下のような件名でメールを送るとよいでしょう。

「日ごろの感謝を込めて！　ポイントプレゼント」
「リピーター限定！　ポイントプレゼント」

では、どのような顧客を優良顧客とすればよいのでしょうか？　下記の3つの軸で掛け合わせてセグメント分けをすると、**優良顧客が抽出**できます。

　・累計購入回数が多いユーザー
　・累計購入金額が多いユーザー
　・最終注文日が直近のユーザー

このようなユーザーを他のユーザーと差別化して、定期的に優遇することで、満足度が高まり、さらに買い物をしてくれるようになります。つまり、**すべての会員に対してポイントを薄く付与するより、特定の優良顧客に対してポイントを厚く付与したほうが、売上に貢献してもらいやすい**のです。

また、休眠顧客に再び優良顧客になってもらうためにも、ポイント付与は有効な施策です。**休眠顧客をセグメント分けする場合**は、次の3つの軸で掛け合わせると抽出できます。

・累計購入回数が多いユーザー

・累計購入金額が多いユーザー

・最終注文日が直近ではないユーザー

　優良顧客、休眠顧客いずれにしても、セグメント分けをしっかり行って、目的に合う訴求をし、ポイントを付与しましょう。

　リピーターを積極的に育てていきたいという場合は、会員登録機能やポイント発行管理機能、分析機能などが必要になります。ECカートシステムにない場合は、CROSS　POINTのようなASPサービスを利用すれば、このような顧客セグメントから効果測定までカンタンにできます。

パレートの法則

20% の顧客が全体の売上の 80%を占めている

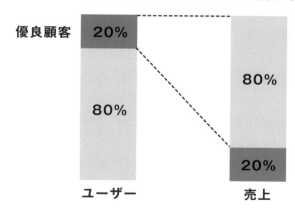

9

OnePoint

ECサイトの売上をあげるには、優良顧客は欠かせません。優良顧客には、優先的にクーポンを配布するなど、工夫しましょう。

9-8 ⟩ 開封率が高い！バースデーメール

普段メルマガを見ないユーザーも、バースデーメールだと開封してくれる可能性が非常に高いです。お店からのセールス目的のメルマガであったとしても、誕生日特典というのはユーザーも期待してしまいます。バースデーメールを送るためには、会員登録時に生年月日を取得する必要があります。

バースデーメールは開封率が高い

　ユーザー満足度を高めるためには、ユーザーにこちらからのコミュニケーションが注目されなくてはいけません。商品購入時であったり、ユーザーから問い合わせがある場合は、ユーザーはメルマガに注意を払ってくれますが、それ以外のときは、ユーザーへのコミュニケーションは一方的になるため、なかなか注意を払ってくれません。

　しかし、「お誕生日おめでとうございます！」「○○様！　お誕生日特典をプレゼント！」などという件名の**バースデーメールであれば、普段はメルマガを開封しないユーザーも開封してくれる可能性が非常に高まります。**このタイミングを逃さないためにも、会員登録時には「生年月日」を取得しておきましょう。

　昨今は個人情報の入力を嫌がるユーザーも多いので、「誕生月」だけの取得がECカートシステム上可能であれば、最低限の情報取得をおすすめします。また、ECサイトの会員登録に生年月日がなぜ必要なのか疑問に感じるユーザーもいるかもしれません。会員登録の際は「誕生日特典送付のため」と記載しておけば、ユーザーの違和感も少なくなるでしょう。

メールでなく郵送すればさらに印象的に

　誕生日特典は、メルマガによる告知でポイントやクーポンの付与がよく使われますが、予算をかけて実際に郵送でバースデーDMを送る方法もあります。メルマガだと気がつかない可能性もありますが、**DMで送られてくれば、**

さらに特別感は増します。手書きのメッセージを添えてもよいでしょう。

　ユーザーは通常、メルマガをあまり開封してくれませんが、バースデーメールなどは開封してくれる可能性が高いです。また、付与されたクーポンなどを使うことで、リピート購入をしてくれるようになるのです。なお、バースデーメールの場合、クーポンの期間を1か月限定などにすることで、「今すぐ訴求」を行うこともできます。

　また、ECサイト運営においても「誕生月はポイント3倍」といった訴求を常日頃から行うことで、ユーザーのほうから、誕生月に意識的にまとめ買いなど大きな買い物をしてくれるかもしれません。そのような状況を作るためには、SNSやメルマガでの情報発信、あるいはECサイトのサイドバナーの1コンテンツなどでバースデー訴求をすることです。すると、誕生月を楽しみにするユーザーも出てきます。バースデーメールと併せて、ユーザーの満足度を高める取り組みをしてみるとよいでしょう。

バースデーメルマガが届いたときのユーザーの反応

バースデーメールが届く（クーポン期限付き）

件名:山田太郎様、お誕生日おめでとうございます！
本文：
山田太郎様
今月にお誕生日を迎える方限定のクーポンを送付いたします。ぜひこの機会にお買い求めください！
なお、このクーポンの有効期限は1か月となっています。ご利用される場合はご注意ください

お、バースデーメルマガでクーポンをもらった！
ただ、有効期限があるので早めに使わないとな

早めに商品を購入

クーポンの期限があるから早く使おう！
クーポン使えるから、お得だ！

9

🖊 OnePoint

バースデーメールは普通のメルマガよりもユーザーの反応率が高くなりますので、休眠顧客対策として実施してみるのもよいでしょう。

9-9 商品にメッセージカードを同梱する

ECサイトを始めたばかりで、会員登録者がまだ少ないうちは、アナログな手法を行うのも手です。商品購入者に手書きのメッセージを送ることで、新規ユーザーがあなたのECサイトのファンになってくれて、リピート購入へとつながります。

🛒 手書きのメッセージカードを作る

メッセージカードといっても大げさなものである必要はありません。**市販のカードに1行メッセージを書くだけでも、商品を受け取るユーザーの印象は非常によくなります**。ただし、「ありがとうございました」だけですと、せっかくのメッセージカードの効果も弱まります。購入者の名前を書くだけでも印象が変わります。

「このたびは、弊社のアクセサリーをご購入いただきありがとうございました」よりも、「○○様、このたびは弊社のアクセサリーをご購入いただきありがとうございました」と名前を入れるほうがよりよい印象を与えます。

そして商品購入が2回目の方には、

「○○様、二度目のご購入ありがとうございました。以前ご購入いただいたアクセサリーはお気に召しましたでしょうか？　今後も○○様に喜んでいただけるような商品を企画販売して参りますので、よろしくお願いいたします」

というふうに、**以前購入した商品についての記述があることで、ユーザーはさらに、あなたのECサイトに親近感を持つ可能性が高くなります**。

さらにこの手書きのメッセージの効果として、商品レビューを書きこんでもらいやすくなったり、SNSをフォローしてくれたりする可能性も高まります。筆者の知り合いのECサイトオーナーからも、商品購入者に対して手書きのメッセージを送り続けた結果、リピーターが増えるようになったという話を聞いています。特にECサイト開業当初は力を入れるべき施策と言えます。

🛒 SNSアカウントを紹介する

　ただし、この施策は、注文件数が少なく、比較的手間をかけることができる小規模事業者がやるべき施策です。手書きが難しい場合は、手書き風のフォントを使って、印刷したメッセージカードを同梱するだけでもいいですし、メッセージを入れるだけでも好意的にとらえてくれるユーザーもいるでしょう。**メッセージカードを送る場合は、必ずLINE公式アカウントや、SNSのQRコードを記載した紙も同封**しておくと、フォローされやすくなります。一緒に用意しておきましょう。

メッセージカードの参考例

> **山田太郎様**
>
> このたびは、弊社のアクセサリーを
> ご購入いただきありがとうございました。
> ぜひちょっとしたお出かけなどにご利用ください！
>
> 今後も、山田様にご愛顧いただけるような
> 商品を企画販売していきますので、
> どうぞよろしくお願いいたします！
>
> ○○ショップの
> SNSアカウント
>
>
>
> 弊社アクセサリーの最新情報をSNSで
> 発信しておりますので、よろしければ
> QRコードよりフォローをお願いいたします。

9

✒OnePoint

メッセージカードを同梱することで、特別感を演出できます。こういった特別感こそ、他のECサイトとの差別化にもつながっていくのです。

9-10 使いやすいECサイトは リピーターが勝手に増える！

リピート施策というと、メルマガやSNSを駆使して顧客管理を行うことだと思われがちですが、UI（ユーザーインターフェース）の改善もリピーター増加に役立ちます。UIがよい、つまり使い勝手のよいECサイトであれば、リピーターは増えやすいのです。

ECサイトのUIを改善する

特別なリピート施策に注力しなくても、リピーターを増やす施策はあります。それはUIの改善に着手することです。特に消耗品など、クオリティがあまり重要ではない商品の場合は、**ユーザーは使い勝手のよいECサイトから購入する**ものです。

とは言え、多くのEC事業者は特別なECカートシステムを使っているわけではなく、市販のECカートシステムを使っており、格段に使い勝手をよくするカスタマイズができるわけではありません。

しかし、実は市販のECカートシステムでも、UIを改善することはできます。まず試してもらいたいのは、ECカートシステムに搭載されているレコメンドエンジンです。例えば商品ページを見ているユーザーに対して、次のような様々なレコメンドを表示することができます。

・売れ筋商品
・この商品を買った人は、この商品も買っています
・この商品を見た人は、この商品も見ています
・最近見た商品

会員ユーザーも、商品ページを見るタイミングで気になる商品を見つけやすくなるため、UIがよくなります。

🛒 決済方法を改善する

　次に決済方法です。Amazon Pay や楽天ペイなどのID決済を導入することで、UIはかなりよくなります。ユーザーから見ると個人情報の入力が省けますし、**ID決済は信用力が高いので、ユーザーも安心して、決済することができます。UIの観点からも導入を検討してみましょう。**

　その他、市販のECカートシステムでもUIを高める方法を下図に示しました。できるものから着手してみましょう。レコメンドエンジンやID決済も利用には追加費用がかかりますので、まずはECカートシステムのホームページを確認しましょう。

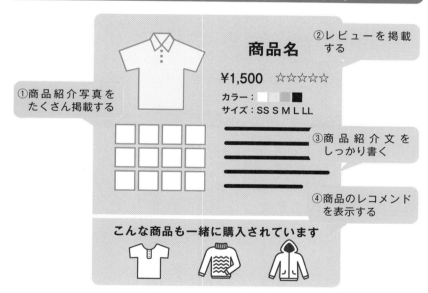

ECサイトのUIを高めるための商品ページのコツ

①商品紹介写真をたくさん掲載する

商品名

¥1,500 ☆☆☆☆☆

カラー：
サイズ：SS S M L LL

②レビューを掲載する

③商品紹介文をしっかり書く

④商品のレコメンドを表示する

こんな商品も一緒に購入されています

🖌 OnePoint

特別なカスタマイズをしなくても、市販のECカートシステムでUIを高めることは可能です。商品詳細をしっかり書くなど、できることから始めましょう。

BtoBのEC市場

　国内においてBtoBのEC化率は33.5%。BtoC（物販系分野）のEC化率が8.08%であることを考えると、ECの利用が進んでいるようですが、この中には**レガシーシステムが多分に含まれており、業務効率化が進んでいるとは言い難い面もあります。したがって、システム基盤の整備が必要とされています。**

　日本のBtoB業界において、DX（デジタルトランスフォーメーション）を妨げている要素としては、企業や業界ごとに商流やビジネスフローが異なり、非常に複雑で、市販のクラウドシステムやパッケージが導入しづらいという点と、経営者のIT利用の理解が進んでいない点などがあげられます。

　しかし、EC業界においては、安価で多機能なBtoBに特化した新しいECサービスも生まれています。それらを活用することで、BtoBにおいても業務効率化を進めていくことが期待されます。

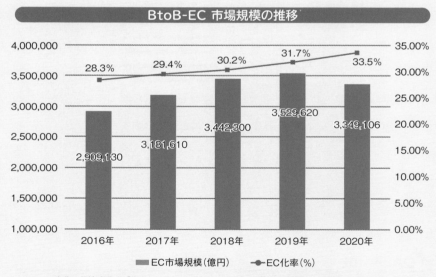

　出典：経済産業省「令和2年度　産業経済研究委託事業（電子商取引に関する市場調査）報告書」

第 **10** 章

ECサイトの売上をさらに
伸ばすために

10-1 最初に改善すべきは「ささげ業務」

ECサイトの改善で実施すべきことは無限にありますが、最初に改善に取り組むべきは「ささげ業務」です。SEO対策やSNS施策を新たに始めると、効果が出るまで時間がかかります。しかし、ささげ業務の見直しはすぐに着手でき、売上への影響も大きいポイントなのです。

🛒 改善することですぐに効果が期待できる「ささげ業務」

ECサイト改善の基本であり、すぐに着手できる施策は購入率の向上です。例えば、サイトの文言や写真を少し変更するだけで「あ、こんな特徴があったのか、知らなかった！」とユーザーの態度変容を促すことができるからです。そのためにはまず、**コンテンツ制作業務の元となるささげ業務の改善が非常に重要**となるのです。

◎撮影の工夫

商品写真のバリエーションを増やしましょう。全体の写真と細部の写真、さらにその商品を利用しているシーンの写真を撮影し、最低でも10枚以上は用意します。商品撮影に関しては、大手や競合のECサイトを研究し、それを上回る写真のクオリティとバリエーションを打ち出すことで、ユーザーはあなたのECサイトで購入する価値を見出すことができます。

◎サイズ表示の工夫

商品を撮影した写真に、右図のように採寸した情報をテキストで入れた画像を作成しましょう。これで商品ページの画像の中に、サイズのわかる画像を入れることができるので、ユーザーにとってはサイズ感に対する不安解消につながり、商品を購入しやすくなります。この手法は、アパレルや家具などサイズが購入の決め手となる分野のECサイトに非常に有効です。

ただし、Googleショッピング広告などを使う場合は要注意です。Google広告では、商品画像中に文字などの露出が大きいと却下されてしま

う可能性が高いため、使うことができません。

◎原稿の工夫

　原稿の改善は5-8で解説したとおり、商品説明文では、しっかり商品のアピールをしましょう。その際は情報量と見やすさが重要です。商品ページは必ずスマホで確認して、ユーザーが見やすいかどうかを検証しましょう。

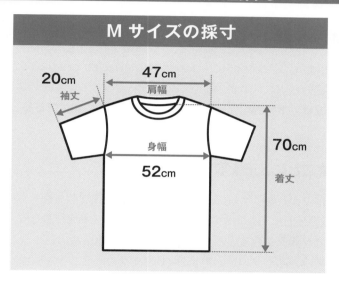

商品画像に採寸情報の画像を登録する

M サイズの採寸

20cm 袖丈

47cm 肩幅

身幅 52cm

70cm 着丈

OnePoint

ユーザーの多くは画面が小さいスマホを使っているので、商品ページでは、文字の情報よりも画像情報を上手く使ったほうが、購入率に大きく貢献します。

10-2 CRM を意識すれば結果が変わる

ユーザー 1 人を 1 セッションと考えるか、あるいは 1 人の大切なお客様と考えるかで、成果は確実に変わります。実店舗のようにユーザーの顔が見えないEC サイトで、どのように CRM（顧客管理）を実現すべきかを、ここでは解説します。

🛒 CRM を実践する

CRM とは、Customer Relationship Management の略で、日本語では「顧客管理」と訳されます。高度な WEB マーケティング手法のようですが、**小規模事業者で本格的なツールがなくても、部分的に実践できることがある**はずです。

🛒 顧客ごとにメモを取る

無料 EC カートシステムでも、カンタンな顧客管理が可能になりました。例えば、STORES ではユーザーごとに管理画面でメモを残したり、購入履歴や問い合わせ履歴を残すことができます。小規模事業者の強みは 1 人ひとりに合った接客がしやすいことですので、まずはコミュニケーションをとったユーザーのログを残すようにしてみましょう。

🛒 セグメントを分ける

会員に対して、画一的なメルマガを送るよりも、購入してくれた商品別、あるいは顧客属性別にメルマガを分けることで確実に反応率は高くなります。

また、何度も購入してくれるリピーターに対しては、特に手厚い施策を実施することで、1 人当たりの LTV[10]（Life Time Value ＝顧客生涯価値）を高く

---

* 10 **LTV（Life Time Value ＝顧客生涯価値）**：1 人の顧客が企業などと取引を開始してから終了するまでの間にもたらす利益の総和。

することができます。

　セグメントを細かくしすぎると母数が少なくなり効果が出にくくなるので、まずは、購入商品のカテゴリー分けやリピーターの抽出などを実行可能なセグメントに分けて実施して、それぞれに合うオファーを検討することでメルマガの効果を高めやすくなります。

🛒 セグメント別のオファー（提案）をメルマガで送る

　セグメント別にメルマガを送ってみましょう。まずセグメントで一番重要な要素はメルマガの件名です。単なる挨拶文などを件名に入れてはいけません。件名には商品名や商品カテゴリー名など具体的なものを含めてみましょう。セグメントメールを配信し続けると、メルマガの開封率やURLのクリック率が特に高いセグメントとオファーの組み合わせを見つけることができます。そのようなセグメントを見つけたらチャンスです。徹底的にそのセグメントが喜ぶオファーを考えて、定期的にメルマガを送ることで、安定した収益を得ることができます。そのセグメントユーザーを意識して増やすのも有効な施策となります。

セグメントごとのオファー例

スニーカー購入者セグメント	➡	✉	新商品のスニーカー紹介
50代以上男性セグメント	➡	✉	50代向けの商品紹介
優良顧客セグメント	➡	✉	リピーター限定クーポンプレゼント

10

🖌 OnePoint

CRMはツールを導入しなくてもできることが部分的にあるはずです。完璧ではなくても、実行可能なCRMを検討してみましょう。

10-3 | Google アナリティクスの拡張 e コマースを導入する

Google アナリティクスには、e コマースに特化した分析機能があります。それが「拡張 e コマース」です。Google アナリティクスを導入していれば導入できます。通常の Google アナリティクスではわかりづらかった、購入完了までの流れが把握でき、改善すべきポイントがわかります。

🛒 CV（購入完了）までの経緯を数値とグラフで可視化

　右図をご覧ください。拡張 e コマースの最大の特長は、EC サイトに訪問してきたユーザーの、CV（購入完了）までの経緯を数値とグラフで可視化できることです。これが可視化できることで、**EC サイトに流入してきたユーザーがどこで離脱することが多いかを、カンタンに把握することができる**のです。また、この分析レポートを次のような様々な切り口で見ることができるので、効率のよい流入元や広告なども見定めることができます。

- ・新規ユーザーと再訪問ユーザー
- ・デバイス別（PC、スマホ、タブレット）
- ・参照元メディア（Google 検索、広告、直接流入、メルマガ）

🛒 購入が完了していない商品の購入プロセスもわかる

　また、従来の e コマース機能では、購入の完了した商品しか購入プロセスがわかりませんでしたが、拡張 e コマース機能では購入が完了していない商品の購入プロセスがわかるようになったので、商品軸によって、購入の経緯を把握することが可能になりました。

　商品リスト機能を使うことで、TOP ページや LP などにあるどの商品掲載面の CV 数が多いのかといったことが簡単に把握できるため、**EC サイト内のどこに掲載するのが効果的か？**　といったことが把握できるようになり

ます。

　そして、なかなか計測の難しい「送料無料」「キャンペーン実施中」「クーポンプレゼント」といった訴求の効果測定ですが、「サイト内のプロモーション」でインプレッション数やクリック数を計測することができるので、**どのような文言がCVに寄与するのかが計測できる**のです。

　拡張eコマースの導入には手間が結構かかりますし、実装にはエンジニアが必要となるほど高いITリテラシーが求められます。また、使っているECカートシステムによっても、拡張eコマースを導入できない場合もあります。しかし、ECカートシステムに実装されている分析ツールがあれば、ある程度補完できますし、導入できなかったとしても、従来のGoogleアナリティクスでも分析できることは山ほどあります。このような機能があることをここでは覚えておきましょう。

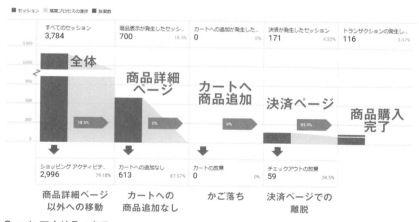

Googleアナリティクス
https://analytics.google.com/

10

10-4) Google 無料リスティングを使う

Google ショッピング広告には無料枠が存在するため、広告に予算をかけることができない事業者でも、ショッピング広告を実施することができます。無料枠であるため効果は高くないですが、商品ラインナップが多いと、クリック数も多くなるので、出稿すべきです。

🛒 無料リスティングの掲載場所はショッピングタブ

右図をご覧ください。Google に無料で自社商品を広告掲載できる場所は、Google のショッピングタブの下のほうになります。ユーザーから見ると、Google の検索結果ではなく、「ショッピング」タブをクリックしないとならず、さらに下のほうに表示されるので、効果は高くはありません。また、これは無料枠であるため露出頻度もコントロールすることができません。しかし、**この広告枠は大手事業者であっても、小規模事業者でもあっても、露出頻度は平等**です。小規模事業者にとっては、予算をかけずに一定の効果が得られるので必ず登録すべきでしょう。

🛒 登録方法

登録方法は、Google ショッピング広告と同じ広告管理システムの Google Merchant Center（グーグル マーチャント センター）に登録し、審査で承認されれば無料リスティングが開始され、商品フィードがショッピングタブの下部に表示されるようになります。Google Merchant Center に商品登録しておけば、いずれ Google ショッピング広告（有料枠）に掲載するときも、設定 1 つで広告を開始することができます。予算をかけても認知を向上させたい場合には、有料枠への出稿を検討すべきでしょう。

Google によると、ショッピング広告と無料リスティングを併用した場合、クリック率が 50％以上、インプレッション数が 100％以上増加しており、**特に中小企業で大きな増加がある**※としています。

また、無料リスティングにもレポート機能があり、「表示回数」「クリック数」「クリック率」などの簡単な指標を、すべてのデータ、商品ごと、カテゴリーごと、ブランドごとの切り口で分析することが可能です。

※「ショッピングタブの無料リスティング―Google 広告」https://services.google.com/fh/files/emails/shopping_free_listings.pdf

Google
https://www.google.com/

OnePoint

無料リスティングへの掲載には審査があります。商品画像に文字を大きく入れるなどの画像加工をしていると審査が通らないこともあります。

10-5 広告を実施し、EC サイトの認知を広げる

もし、予算100 ～ 300万円をかけて広告を出すなら、限られた予算を最大限に使うために、いきなり広告を出すのではなく、サイトデザインの改修や、会員登録やおすすめ商品の訴求を整えてから実施すべきです。なぜなら WEB 広告はクリック課金であるため、広告予算が無駄に消費されてしまいます。

認知拡大のための広告費の使い方

予算のかかる広告は、単価の安い商品を扱う EC サイトではなかなか採算が合わないので実施しづらい面がありますが、もし広告費が数百万円程度確保できるのなら、自社 EC サイトの認知拡大や会員登録を促すために使いましょう。

小規模事業者にとって数百万円はかなり大きな金額ですが、EC サイトの広告で代表的な「Google ショッピング広告」や「リスティング広告」をなんの施策もなしで利用するのでは、クリックばかり消費されて CV に結びつきづらく、費用対効果を得るのは困難です。

限定された予算で広告を使う場合は、会員登録を促すこと、あるいは格安の目玉商品を用意して、新規ユーザーに一度は購入してもらうなどの明確な施策をもって望むべきです。

まず、第9章で解説した会員登録を促す施策を実施してみてください。せっかくの広告予算ですから、会員を増やすことに使えば、広告予算で獲得したユーザーに対して商品を売るよりも、大きな成果を得やすくなります。

広告を打つのは会員登録の仕組みなどを整えてから

例えば限定商品として、採算ギリギリの価格で売れ筋商品を用意して、広告でクリックしたユーザーにまずは商品を購入してもらったとします。安く購入できた経験を持つユーザーは次回、広告なしでも商品を探しに EC サイトに直接来てくれるようになります。

さらに会員登録してもらえれば、予算をかけずにメルマガで商品の宣伝を

訴求することもできるようになります。

　以上のようなことを鑑み、小規模事業者が広告を実施するのは、会員登録をしやすい仕組みを作り、自社サイトで一度商品購入をしてもらった後にすべきでしょう。**商品の売上よりも顧客の獲得を意識することで、高い広告費の費用対効果を中・長期的に高くする**ことができるからです。

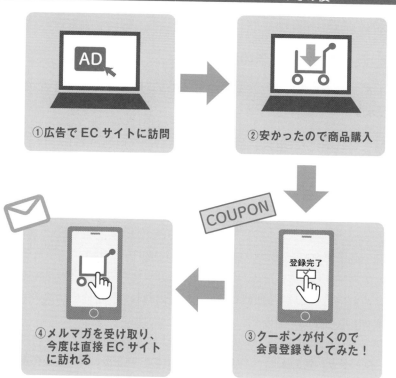

広告経由でECサイトに訪れたユーザーのその後

①広告でECサイトに訪問

②安かったので商品購入

COUPON

④メルマガを受け取り、今度は直接ECサイトに訪れる

③クーポンが付くので会員登録もしてみた！

OnePoint

会員登録も重要ですが、とにかく新規ユーザーに購入体験をさせることが重要です。購入体験があれば次回の購入への心的ハードルは低くなるからです。

10

10-6 リマーケティング広告の活用

ディスプレイ広告は、露出回数やクリック数によって費用を支払う広告です。バナー広告はクリック数を増やせますが、効果が高い広告手法ではありません。しかし、ディスプレイ広告の中のリマーケティング広告は一度ECサイトを訪問した人にバナーを表示する広告なので、費用対効果は高くなります。

🛒 ディスプレイ広告の種類

まず、EC事業者において**有名なディスプレイ広告**[*11]には下記の三種があります。

ディスプレイ広告の種類
- Google広告
- Yahoo!広告
- Criteo（クリテオ）

特に効果が高いと言われているのはCriteoですが、まとまった予算がないと広告を打ちづらいため、小規模事業者がディスプレイ広告を実施するなら、ショッピング広告や無料リスティングの登録情報をそのまま利用できるGoogle広告がおすすめです。

ディスプレイ広告はむやみやたらにバナーが表示されているわけではなく、**ターゲット層の属性や、WEBサイト上の行動履歴、興味関心のありそうなWEBサイトに表示**されます。

🛒 ディスプレイ広告ではリマーケティングのみを利用する

ディスプレイ広告で表示されるバナーやテキスト広告ですが、ユーザーは広告を見飽きているため、高い効果はありません。そのためディスプレイ広

[*11] **ディスプレイ広告**：WEBサイトやアプリの広告枠に表示される動画や画像、テキスト形式の広告。バナー広告はディスプレイ広告の1つ。

告は予算のある大手か、あるいはCVを期待しないブランディング施策として利用されることがほとんどです。

　しかし、ディスプレイ広告の中でもリマーケティング（リターゲティング）広告は効果が高い広告です。リマーケティング広告は、一度自社のECサイトに訪問したユーザーに対して、他のサイトを見ているときに、商品バナーを表示することができます。つまり、もともと自社商品に興味があるユーザーをターゲットにしていることから、非常に効果が高いのです。

　また、スマートフォンが主流になり、ECサイトを見ている最中に、LINEや電話が入ったり、あるいは電車から降りるためスマホ操作をやめることが多くなっているので、**買い物を中断したユーザーに対する広告としても非常に効果的**なのです。

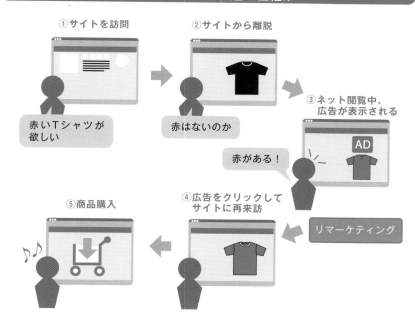

リマーケティング広告の仕組み

① サイトを訪問 — 赤いTシャツが欲しい
② サイトから離脱 — 赤はないのか
③ ネット閲覧中、広告が表示される — 赤がある！ AD／リマーケティング
④ 広告をクリックしてサイトに再来訪
⑤ 商品購入

10

OnePoint

リマーケティング広告だけを実施しているEC事業者も数多くいます。ユーザーにECサイトへの再訪問を促してみましょう。

10-7 アフィリエイト広告を 実施する際の注意点

アフィリエイト広告は、主に成果報酬型の広告であるため、費用対効果は高くなります。しかし、真剣にアフィリエイター達と向き合っていかないと、効果がないばかりか、自社のブランドイメージを棄損したり、無駄に広告費を払うことになります。

🛒 アフィリエイト広告の注意点

まず、アフィリエイト広告を実施する際は、右図にもある仲介業者のASP（アフィリエイト・サービス・プロバイダー）に問い合わせを行い、アフィリエイトを実施します。つまり、アフィリエイターに宣伝を直接依頼するのではなく、ASPを通して依頼することになります。

そのため、ASPにもよりますが、**売上が発生しない場合でも固定費を取られる契約形態が多い**です。また売上が発生した場合も、ASPに3割を手数料として取られるので、成果報酬といっても実は費用が結構かかります。

🛒 ASPの選び方

ASPの選び方は、そのASPで競合他社がアフィリエイト広告を実施しているかどうかの調査を実施し、**自社と同じジャンルの競合企業の登録が最も多いASPにすべきです**。なぜならアフィリエイト施策は、まずはアフィリエイターが多くなければ意味がなく、アフィリエイターは自然に案件が多いところに集まるからです。

調査の方法は、自分がアフィリエイターとして個人で各ASPに登録だけを行い、それぞれのASPの管理画面で案件調査をすればすぐにわかります。ASP登録にはブログなどのサイトURLが求められるので、アメブロなどで簡易的に作っておけばよいでしょう。

なお、残念ながら不正を行うアフィリエイターが非常に多いのが現状です。例えば、CVの成果ポイント（アフィリエイターの報酬の成果ポイント）

を資料請求にした場合、架空の住所で大量に資料請求を自作自演で実施して、不正に成果を稼いだり、あるいはリスティング広告でのアフィリエイトのルールを平然とやぶるアフィリエイターが後を絶ちません。

　そのためアフィリエイター施策を実施する場合は、たえず不正CVがないかを監視する手間がかかるので、カンタンな施策ではないことを念頭に置きましょう。また、アフィリエイターは高単価商品の案件を重視しているため、単価の安いECサイトの商品はあまり力を入れてくれませんので、**健康食品などの定期販売でなければ、なかなか成果を出すのが難しい施策**でしょう。

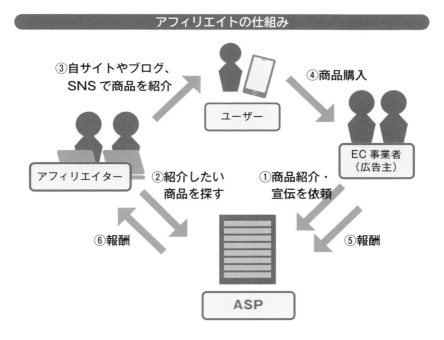

アフィリエイトの仕組み

③自サイトやブログ、
　SNSで商品を紹介

④商品購入

ユーザー

EC事業者
（広告主）

アフィリエイター

②紹介したい
　商品を探す

①商品紹介・
　宣伝を依頼

⑥報酬

⑤報酬

ASP

OnePoint

アフィリエイト広告を本気で実施するなら、なるべく高単価の報酬設定をしてください。そうしないとなかなかアフィリエイターが集まりません。

10-8 ECコンサルティングを 受けるときの注意点

ECサイトのコンサルティングを受けるのは、ECのノウハウがない事業者の場合であれば、最短で売上を伸ばす手法とも言えます。なぜならコンサルタントは、再現性の高いテクニックやコツをノウハウとして持っており、それを実行すれば、成果を上げやすくなります。ただし注意も必要です。

コンサルティングを受けるメリット

ECコンサルティングには、月々数万円の比較的安価なコンサルティングサービスから、数十万円以上のコンサルティングまで様々あります。**費用が安いコンサルティングサービスに多いのは、チャットと月に数回のオンラインミーティングが中心のサポート**です。ECコンサルタントが施策を行うというよりは、ECコンサルタントの指示を受けて、EC事業者が手を動かすというのが前提となります。

コンサルティングサービスを受けるメリットは下記です。

・売上をあげるための施策の指示を受けられる
・平均的なECサイトと自社ECサイトを比較できる
・費用を支払うため、ECサイトのWEBマーケティングに真剣になれる

またECサイトのコンサルタントの中には「Amazon」「楽天市場」「Yahoo!ショッピング」といったショッピングモール専門のコンサルタントもいます。彼らは、例えば商品検索結果の上位に表示するためのロジックなどに精通しており、最新の情報を受け取ることができます。しかし、コンサルティングサービスを受けても施策を実行できなければ費用が無駄になるので、ECサイトの施策を実行できる体制を整えてから、覚悟をもって依頼すべきです。

🛒 コンサルティング会社を選ぶときの注意点

　コンサルティング会社を選ぶときの注意点は、自社の分野で実績があるかという点です。カンタンに決めずに３社程度から比較してコンサルティングしてもらう会社を選びましょう。

　検討する際は、ホームページをよく見て、こちらからも質問をぶつけてみましょう。できれば事前に営業担当者ではなく、自社を担当してくれるコンサルタントと会うか、オンラインミーティングを実施して、相性面も見てみましょう。コンサルタントが若いと心配になってしまいますが、この業界は若い人が非常に多いので、その点よりも実績や経験、具体的ノウハウなどについて聞いてみましょう。

　筆者がおすすめするECのコンサルティング会社は「株式会社いつも .」「株式会社ペンシル」と「株式会社TRYANGLE」の３社です。

コンサルティングのメリットとは？

ECサイト運営の初心者

> 何が正しいのか、何をすべきかわからない…

ゴール

初心者でもコンサルティングサービスを受けると

> 方向性と今、やるべき施策がはっきりわかった！

コンサルタント

ゴール

📝 OnePoint

コンサルティングでは正しい方向性を教えてくれますが、施策を実施するのはあなたです。コンサルタントまかせではなく共に進む姿勢が大切なのです。

10-9 実店舗とECサイトの連携を考える

通常、実店舗とECサイトの連携というと、カスタマイズしたECカートシステムでなければ不可能だとか、大手にしかできないイメージがあるかもしれません。しかし、工夫を凝らしたり、費用の安いツールを利用することで、実店舗との連携は実現できます。

🛒 費用をかけずに実施可能な実店舗とECサイトの連携

ここでは、予算をかけなくても少しの労力でできる、実店舗とECサイトの連携施策について解説します。

◎店舗からのECサイト送客

店舗内にPOPやチラシを設置して、店舗のユーザーにもECサイトへの誘導を試みましょう。しかし、ただのECサイトのアピールだけでは誰もメリットを感じませんので、会員登録によるクーポンやポイント配布も併せないと効果がありません。ECサイト限定商品を設置するのも有効な施策です。

◎スタッフによる接客時のECサイト利用の促進

例えばアパレル店で接客中に、在庫が店舗になければその場でECサイトの利用を促進することもできますし、ECサイト限定商品などを訴求することで、ユーザーにECサイト利用や会員登録をすすめることができます。

◎ECサイトで買った商品の店舗受け取り

ECカートシステムによりますが、店舗受け取り機能があれば、実店舗とECサイトの連携を実現することができます。その機能が実装されていないECカートシステムでも、購入時のアンケート機能を利用して「店舗受け取り」項目を利用する裏技などが存在しますので、店舗受け取り機能がなくとも可能な場合があります。

＊12 ライブコマース：SNSなどでライブ配信をしながら商品の紹介や物販をすること。

◎SNSのフォロー促進

　店舗に来店中のユーザーにSNSのフォローを促すことも、ECサイトとの間接的な連携と言えます。店舗のユーザーにSNSのフォローを促す方法は、「店舗チラシ、POP」「店舗スタッフによるSNSフォロー依頼」「店舗決済時にSNSフォロー割引の実施」など様々なものがあります。SNSのフォロワーが増えれば、ECサイトへの集客にもなりますし、InstagramやTwitter、Facebookにはライブコマース[*12]機能もあり、フォロワーが増えれば売上を上げるための様々な施策が可能になります。

実店舗とECサイトの連携方法

店舗からのECサイト送客

ECサイトで買った商品の店舗受け取り

スタッフによる接客時のECサイト利用の促進

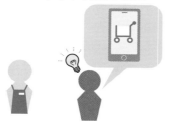

SNSのフォロー促進

🖌 OnePoint

まずは、予算をかけずに店舗とECの連携を部分的に実現します。その後、ツールを導入して、ポイント連携するなどを検討してみましょう。

10-10 自社ECサイトとショッピングモールの複数出店

自社ECサイト、あるいはAmazon、楽天市場、Yahoo!ショッピングにおいて、売上が増えてきた場合、複数のECサイト（モール）を出店する多店舗展開により、強力な集客が期待できます。しかし、一方で在庫管理など労力もかかるデメリットがあります。

🛒 自社ECサイト、Amazon、楽天市場で販売するメリット

どんなに自社ECサイト、Amazon、楽天市場のどれか1つで、WEBマーケティングの最大化を図っても、「特定のECサイト（Amazonや楽天市場）でしか買い物はしない」という人が一定数います。その人たちを取り込み、より多くの売上をあげるためには、多店舗展開は有力な選択肢となってきます。

ただしその場合、在庫管理が非常に難しくなります。それを解消するために在庫連携ができるツールがあるので、多店舗展開を行う場合は、必ず右図のような在庫連携を念頭に置きましょう。

また、第3章で解説したとおり、Amazon、楽天市場、Yahoo!ショッピングではそれぞれ売上を高めるためのノウハウが異なる部分があります。楽天市場で成功している人が、無料で出店できるYahoo!ショッピングにも開設するケースは多々ありますが、楽天市場のノウハウがYahoo!ショッピングでは通用しないケースがあるのです。**ショッピングモールが変われば、それぞれのモールでのノウハウを積み上げていく必要があります。**

🛒 多店舗展開のSEOの注意点

SEO上、気をつけなければならない点があります。例えば、ある独自商品をショッピングモールで販売する場合、商品説明文を自社ECサイトからコピー＆ペーストして、楽天市場やYahoo!ショッピングにまったく同じ文章で掲載すると、ドメインの力が劣る自社ECサイトのSEO順位が下がり、コ

ストのかかるショッピングモールのほうがSEO順位が高くなってしまうことがあります。自社のオリジナル商品にも関わらず、SEOで負けてしまうケースが多々あるのです。

　自社ECサイトでSEOが強い商品がある場合、楽天市場やYahoo!ショッピングで**同じ商品で出店すると、自社ECサイトの売上に影響する**ので、SEO上の戦略をよく考えてからにしましょう。もちろん、ドメインの強いショッピングモールでSEOに注力する必要がある場合もあるので、ケースバイケースです。

自社ECサイトを2店出店する

　また、自社ECサイトの名前を変えて、2店舗以上の自社ECサイトを作る方法もあります。SEOで両方のECサイトを上位にするなど、検索結果の面を広げる施策です。

多店舗展開する場合、在庫連携ツールの導入は必須

STORE	STORE	STORE	
楽天市場	Amazon	Yahoo! ショッピング	自社ECサイト

在庫連携

OnePoint

多店舗展開を実施する場合は、各ショッピングモールへの経費や在庫連携ツールの費用などもかかるので、コストコントロールを意識してください。

少子高齢化社会の日本では
ECサイトの利用は欠かせない！

「令和3年版高齢化白書」によると、2020年10月1日時点の日本の総人口は1億2,571万人でしたが、2065年には8,808万人になると予測されています。日本では、すでに少子高齢化社会に突入していて若い働き手は少なくなってきており、あらゆる産業で人手不足が深刻です。

今後はあらゆる産業の担い手がいなくなり、多くの産業や社会インフラを維持するのも難しくなります。そのために日本社会で求められるのが、**急速なIT導入により、すべての産業において業務効率化を進めることです。その役割の一端を担うことがECにも求められているのです。**

例えば、過疎地ではスマートフォンで手軽に誰でも日用品を買うことができたり、その地域だけの商圏では事業が立ち行かない伝統産業やニッチ産業においては、ECサイトを使って日本・世界に向けて情報発信し、売上を確保していくなど、ECの助けを利用して、人手不足を解消したり、産業を守っていくようになるでしょう。

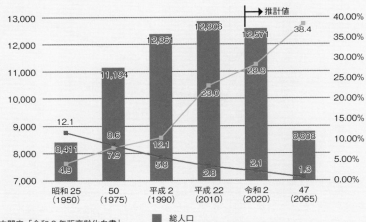

高齢化の推移と将来推計

内閣府「令和3年版高齢化白書」
図 1-1-1「高齢化の推移と将来設計」
より抜粋

■ 総人口
■ 高齢化率（65歳以上人口割合）（平成29年推計）
■ 65歳以上を15～64歳人口で支える割合

索 引

著者プロフィール

井幡貴司（いばた　たかし）

forUSERS（フォーユーザーズ）株式会社　代表取締役社長

立正大学経営学部卒業後、プログラマーとして社会人のキャリアをスタート。数社を経てベルリッツ・ジャパン株式会社、株式会社インターファクトリーで WEB マスターとして WEB マーケティングを担当。2016 年にフリーランスとして独立し、2019 年 12 月、WEB マーケティング、コンテンツマーケティングなどを支援する forUSERS 株式会社を設立。株式会社インターファクトリーのオウンドメディアサイト『ebisumart Media』での EC サイトに関する連載や各種セミナーへの登壇など、多岐にわたり活躍している。

装丁　古屋真樹（志岐デザイン事務所）

図解　EC担当者の基礎と実務が
まるごとわかる本

発行日	2021年 12月 25日	第1版第1刷

著者　井幡　貴司

発行者　斉藤　和邦
発行所　株式会社　秀和システム
　　　　〒135-0016
　　　　東京都江東区東陽2-4-2　新宮ビル2F
　　　　Tel 03-6264-3105（販売）　　Fax 03-6264-3094
印刷所　三松堂印刷株式会社　　　　Printed in Japan

ISBN978-4-7980-6592-2 C0034